つながらない覚悟

岸見一郎
Kishimi Ichiro

PHP新書

はじめに

■新幹線で、私に話しかけてきた一人の青年

親しげに自分に近づいてくる人がいるが、何か裏があるのではないか、いい人に見えても、自分を陥《おとしい》れる機会をうかがっているのではないかと思う。今は親しく付き合っている人でも、いつ自分から離れていくかわからない。いつもこんなことを考えているわけではないが、対人関係で何か問題が起きると、私は疑心暗鬼になり、人と関わることが億劫《おっくう》になることがよくあった。

私が出会った若い人たちも、対人関係の中に積極的に入ろうとしない人が多かった。人と関われば摩擦《まさつ》が生じ、そのため傷つくこともあるからである。日常の生活で自分のことが好きかとたずねられることはないかもしれないが、カウンセリングの時にはその質問を若い人に投げかける。すると、「あまり好きではない」とか「大嫌い」という答えが返ってきた。自分が大好きといえる人はカウンセリングにこない。

今の時代は、友人が多いことや積極的で明るいことが好ましいと思われているように見える。ＳＮＳではフォロワー数が競われ、フォロワーが多ければ自分がエラい人になったように思い込む人がいる。しかし、そのような風潮の中にあって、明るく友人がたくさんいるというような人は多くないのではないかと、若い人と話していていつも思っていた。

ある日、新幹線の中で、隣にすわっていた青年が私に何の本を読んでいるのかと話しかけてきた。最近は電車の中で本を読んでいる人をあまり見かけることがなくなったので、電車の中で隣や前にすわっている人が本を読んでいると、一体何を読んでいるのか気になる。しかし、実際には本を読んでいる人がいても話しかけたりはしないので、青年が話しかけてきたことに驚いた。私はその時読んでいた精神科医の木村敏の著書を見せ、内容を簡単に説明した。はたして精神医学の本に興味を持つだろうかと思ったのだが、彼はこんな話を始めた。

「僕はうつ病で、入院するように勧められています。大人たちは僕に社会適応しろというのです。でも、それは僕にとって死を意味します。どうしたらいいですか」

彼は詳しい話をしなかったが、今は仕事をしていないのだろうと想像した。私は彼に自分の人生を生きればいい、皆と同じように生きなくていいという話をしたが、私は京都で下車しなければならなかったので、読んでいた本を彼に手渡して下車した。

人とのつながりの中に入り、そこで皆と同じように考え生きよと大人たちは命じる。学校に行っていなければ学校に行けと、働いていなければ働けという。

皆と同じように生きることに何ら疑問を抱かない人には、社会適応は死であるという彼の言葉を理解するのは難しいかもしれない。しかし、皆と同じように生きることに抵抗を感じる人であれば、彼のいう「死」の意味が理解できるだろう。他者の期待を満たすために生きようとしたら、自分が自分でなくなる。それはまさに死である。彼はうつ病を患っているともいったが、皆と同じように生きることに何の疑問を感じない世の多くの人の方が病的なのかもしれない。

このように、社会に適応し皆と同じように生きることに抵抗を感じる人も、一人で生きているわけではない。だからといって、皆と同じように考え行動しなければならないわけではない。皆と同じであることを当然のことだと考え、適応を強いる力が強いと、そのことが生きづらさを感じさせる要因になる。多くの人は何も感じないかもしれないが、適応を強いる人とのつながりの中で生きると自分が自分でなくなると苦悩する人もいるのである。

■「人とつながる」とはどういうことか理解されていない

世界がこれほど大きく変わることになるとは誰もが想像しなかった新型コロナウイルスの感染拡大は、人とのつながりの意味を考えさせる機会になった。遠方に住む家族と会えなくなり、病院の面会が制限された。会えるけれども会わないというのと、会いたいのに会えないというのは大きな違いである。このような経験を通じて、つながりの大切さが再認識されたが、それと同時に、これまでの人とのつながり方が見直されることにもなった。

人と人がつながることが大切であるというのは、子どもの頃から教え込まれてきた。しかし、人とつながり仲良くするのが大事だと多くの人がいうのに、諍《いさか》いも戦争も絶えることがないのは、人とつながるとはどういうことなのかがよく理解されないままに、つながることが重要だと教えられているからだと私は思う。

すぐに見るように、私が長年研究してきたオーストリアの精神科医であるアルフレッド・アドラーは、「共同体感覚」をその思想の核に据えている。アドラーは、人と人は本来つながっていると考えるのである。しかし、ただつながればいいというわけではない。どんなつながりも自動的には成立しない。本書で私が問題にしたいのはつながり方である。

つながりの中に入るというと、既に人のつながりがあって、そこに入っていくように見えるがそうではない。私の息子が三歳のある日、真顔でたずねた。

「僕がいなくて、二人だけで寂しくなかった？」

やがて、娘も生まれた。子どもたちがいなかった時、一体どんなふうに毎日を過ごしていたかは今ではよく思い出せない。子どもたちがいなかった家庭はもはや存在しない。子どもが生まれ家族の一員になった時から新しい家庭ができるのであり、生まれたばかりの子どもも家庭のあり方を変えていく。

付き合い始めた二人のつながりも、二人が付き合う前には存在しなかった。付き合い始めたら、二人が二人のつながりを形成していく。学校や会社は時間的にはそこに入る前から存在しているが、それは自分が所属していなかった学校、会社である。自分が所属した途端に、自分が所属していなかった学校や会社は消滅する。そして、自分が所属すると、新しい学校や会社が形成される。この場合も、既に前からいる人と共につながりを形成していく。

どんなつながりも自動的には成立しない。子どもが生まれたからといって、よい親子関係になるわけではない。好きな人とも付き合い始めたらすぐによい関係になるわけではない。好きであるだけでは十分ではない。何らかの仕方で働きかける必要がある。どんなつながりを築くのか、そのつながりをどのように形成するのかがわかっていなければならない。

■強制される「つながり」

よい関係のように見えても、依存・支配関係でしかない場合がある。この関係においては、関係の形成は一方的である。

つながりに入ることが強制されることもある。今日《こんにち》、とりわけ私が問題であると考えるのは、人とのつながりが強制されることである。

何もしなければよい関係を築くことはできないが、つながりの中に入れば、時間的には後から入ってきた人でも家庭、学校、職場のあり方を変えることができる。しかし、変化を好まない人は、既に存在するつながりに個人を適応させようとする。これはつながりを強制しているのである。このような強制がされるのに、生きづらさを感じないはずはない。

今の時代には「つながらない覚悟」が必要である。これは他者とつながらないで生きるということではなく、つながる必要がない、あるいは、つながってはいけないつながりを断つという意味である。

さらに、つながりを危うくする人、例えば、価値観が違う人、生産性がない人をつながりから排除しようとする動きがある。外に開かれない閉鎖的なつながりに人を結びつけようとする人がいる。そのようなつながりは「偽りのつながり」でしかない。

本書で私は、まず、この偽りのつながりがどういうものかを明らかにし、次に、それをいかに「真のつながり」にできるかを明らかにする。最後に、本当につながりたい人とのつながりについて考えたい。

つながらない覚悟■目次

はじめに
■新幹線で、私に話しかけてきた一人の青年 3
■「人とつながる」とはどういうことか理解されていない 6
■強制される「つながり」 8

第1章 人と人がつながっているのがノーマル

■人は「共同体感覚」を持っている 22
■人は他者に自分の「破線」を塞いでもらっている 24
■他者は「もの」ではなく「人間」 26

■他者を助ける　28
■他者に関心を持たない人　31

第2章 依存する人

■なぜ依存するのか　36
■心が弱っていると依存する　37
■患者の医師への依存　39
■叱られると依存する　41
■属性付与――他人に「特性」を与える　44
■属性付与が偽りのつながりを作る　48
■いいたいことをいわない人　49
■権威に依存する　50
■学生の成績がふるわないのは教師の責任　53

■匿名の権威に依存する――同調圧力 54
■教育が依存的な人を作る 56
■自分で考えない 59

第3章 支配する人

■非合理的権威で支配しようとする人 64
■「対面の会議でないと信頼関係を築けない」という人たち 66
■つながりの強制 70
■偽りの一体感による支配 73
■異なることを許さない空気 75

第4章

関係を分かつ

■偽りのつながりを真のつながりにするために　80
■つながりの強制に気づく　81
■オリンピックも利用される　83
■自発的であることの罠　85
■関係を見直す――剣を投じる　86
■「する」側に立たない　89
■不寛容な人に対して、寛容であるべきか　92
■真の秩序の成就　93

第5章 依存と支配

■依存と支配以外の関係 98
■独立した人格になるということ 99
■思い通りに動かされない 102
■従順であることに気づく 104
■不服従の勇気を持つ 106
■過食症にならなくてもよかった 109

第6章 孤独を恐れない

■理性で判断する 112

■「私」であること 113
■権威に背く勇気 116
■孤立はしても、孤独になることはない 119
■すべてを疑い目を見開く 120
■良心の声を聞く 124
■真に怒る 127

第7章 自分の人生を生きる

■他者の期待に応えない 132
■期待に応えるために仕事をしない 135
■人からどう思われるかを気にしない 137
■自分でない自分になっても意味はない 138
■他者に認められようと思わない 140

■自分の人生を生きる 143
■失敗を恐れない 145
■やり遂げられなくてもいい 147
■各人においてオリジナルな幸福 150

第8章 親は子どもにどう接するか

■「娘が余り僕を愛しすぎぬよう気をつけなければならない」 154
■子どもを見守る 156
■課題を分離した上で協力する 159
■対等と見なされる時、近く感じる 162

第9章

理解するということ

■カウンセラーがクライエントの問題を解決するわけではない　168
■対等の関係を築く　169
■理想の相手を見ない　171
■親は子どもを理解できない　174
■「他者は理解できない」が出発点　176
■相手を理解しようとするのが愛である　178
■支配するために理解するのではない　179
■子どもの進路、結婚　182
■恋愛は驚きから始まる　184
■理解するためにできること　188
■人は常に変わる　190

■他者に共感する　192

第10章
まず人間であること

■私はあなただ　198
■外に開かれた「共同体」に所属する　202
■善きサマリア人の喩え　205
■真の人類愛　208
■敵を愛することはできないのか　209

第11章
愛するということ

■唯一無二の「あなた」との出会い　214

第12章
本当につながりたい人とつながる

■愛は本来排他的ではない 217
■愛と束縛 220
■愛はギブ・アンド・テイクではない 221
■愛とは私のままで与えること 224
■共同体感覚を引き出す 228

■他者とのつながりの中で生きる 232
■本当に大切なこと 233
■生きることに価値がある 235
■老後のつながりの強制 238
■他者と共鳴して生きる 239
■他者に援助を求める 241

■他者を仲間と見る　243
■本当につながりたい人　244

参考文献　247

第1章

人と人がつながっているのがノーマル

■人は「共同体感覚」を持っている

人は一人では生きられない。一人で暮らしていても、誰からの助けもなしに生きることはできない。

人とつながるというのは、誰かと一緒にいるという意味ではない。近くに誰もいなくても、人とつながっていると感じられることもあれば、誰かと一緒にいてもつながっていると は少しも感じられないこともある。

ドイツ語にMitmenschという言葉がある。Mitmenschenという複数形で使われる。mitは英語でいえばwith（共に）Menschenは「人々」なので、Mitmenschenは「人と人がつながっている」という意味になる。

この言葉の反意語がGegenmensch（複数形はGegenmenschen）である。これは人と人とが「対立している」「敵対している」（gegen）という意味である。この二つの言葉を対比すると、Mitmenschenは、ただつながりがあるだけでなく、「近い」とか「親しい」という意味が含まれているのがわかる。そこで、私はMitmenschenを「仲間」、Gegenmenschenを「敵」と訳した。

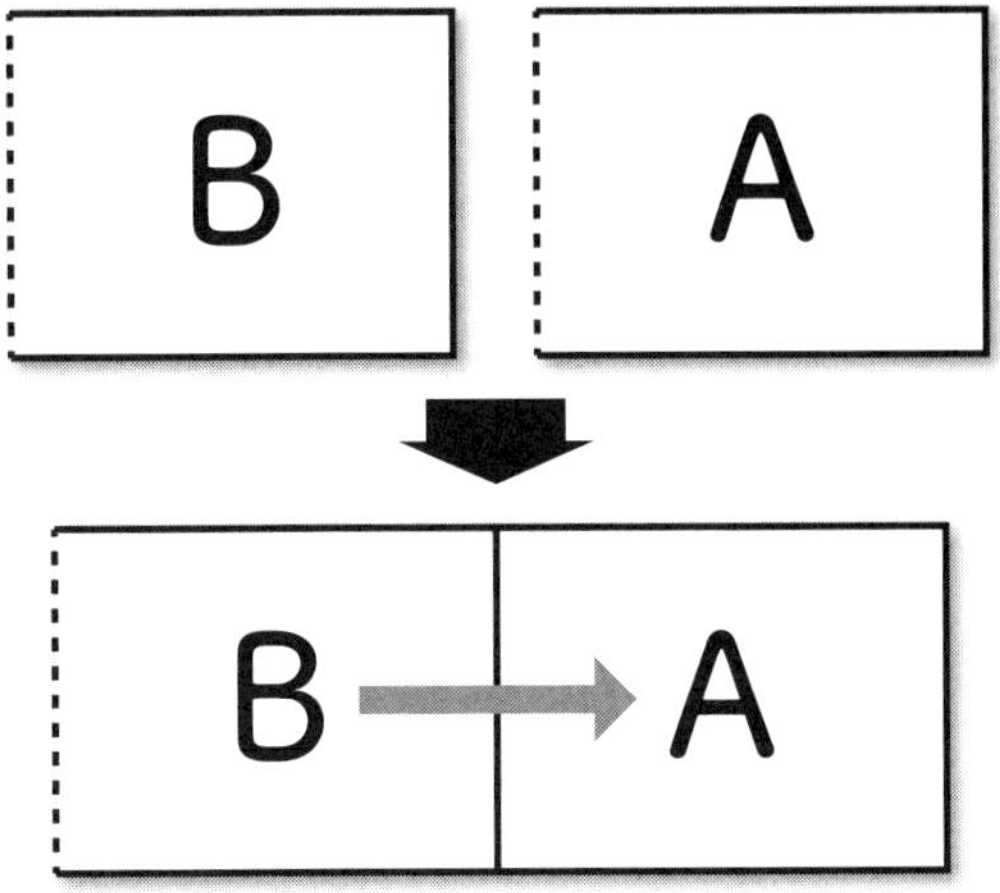

人は他者と「フロント」で接している

アドラーが創始した個人心理学の鍵概念に「共同体感覚」がある。これはGemeinschaftsgefühlを直訳したものだが、これとは別に、今見たMitmenschenから作られるMitmenschlichkeitも共同体感覚を表す言葉として使われる。「人と人がつながっていること」という意味である。

他の人とつながっており、必要があれば助けてくれる仲間だと思えるのが人と人の本来のあり方だとアドラーは考えた。これは人が生きるためには他者からの援助が必要だというだけの意味ではない。

神学者の八木誠一は人と他者との関係を「フロント」（面）という言葉を使って説明

している（『ほんとうの生き方を求めて』）。八木は人のあり方を四角形として示しているが、この四角形の四辺のうち一辺は、実線ではなく破線になっている。この破線のところが、他者に開かれており、そこで人は他者と接している。「私」は他者なしには生きられないということである。

■人は他者に自分の「破線」を塞いでもらっている

人は他者と「フロント」で接している。その他者に開かれている面は実線ではなく破線なので、このフロントは他者のフロントと接することによって塞《ふさ》いでもらわなければならない。その「私」の破線を塞いで私を生かす他者もまた、別の他者に生かされている。

このように、人は自分だけで完結しているのでも、完全でもない。他者に自分のフロントを補ってもらわなければならず、その意味で、他者とつながっているのである。

このつながりは生者とだけではない。人が亡くなった時、とりわけ家族や親しい人が亡くなった時に強い喪失感に襲われる。悲しみがなかなか癒えないのは、自分の破線の部分を塞いでいた人がいなくなり、しかも、その人によって塞がれていた破線を他の人が塞ぐことができないからである。

人とのつながりをこのようには思えず、他者を「敵」と見る人がいる。初めからそうだったわけではないだろう。自分を助けてくれる「仲間」だと思っていた人が、自分を傷つけ陥れようとする「敵」ではないかと思うような経験をしたことが、そのように思うきっかけになる。しかし、アドラーは人と人とは敵対しているのではなく、つながっていると考えた。

アドラーはこの共同体感覚の思想を、第一次世界大戦時、医師として従軍していた時に発想した。戦場では人と人は殺し合う。敵を殺さなければ自分が殺される。そのような状況下で戦う人が心を病まないはずはない。アドラーは戦争神経症の兵士の治療に携わっていたのである。

アドラーは戦場で人と人が殺し合うという現実を目の当《ま》たりにしていた。それにもかかわらず、人と人は敵対しているのではなく、つながっているのが本来の人のあり方だと考えた。

共同体感覚の考えをアドラーは、兵役期間中の休暇の間に、ウィーンのカフェ・ツェントラルで、友人たちに初めて披露した。Mitmenschen は「隣人」（Nächster, Nebenmenschen）とほとんど同じ意味なので、アドラーの共同体感覚はイエスが説いたような隣人愛、敵をも愛せという考えに近いと見なされた。「まるで宣教師がいうような考え」（Phyllis Bottome,

Alfred Adler）を突然聞かされた友人たちは「宗教的な科学」（前掲書）を認めるわけにいかないと、アドラーの元から去っていった。

アドラーと同じ戦争を経験したフロイトは、「死の本能」を提唱し、自己破壊衝動であるこの本能は、外に向かうと攻撃性になると考えた。

フロイトは、この攻撃性を「人間に生まれつき備わる他者を攻撃する傾向」と説明している（*Das Unbehagen in der Kultur*）。フロイトは、敵を愛せという命令は「人間の攻撃性のもっとも強い拒絶」（前掲書）であるとし、「汝の隣人が汝を愛する如くに、汝の隣人を愛せよ」なら異論はないが、見知らぬ人は愛するに値するどころか、敵意、さらには憎悪を呼び起こすとまでいっている。フロイトは、隣人愛は「理想命令」であり、人間の本性に反していると考えた（前掲書）。

しかし、イエスやアドラーのように他者を隣人、仲間と見ることは、「人間の本性に反している」のだろうか。

■他者は「もの」ではなく「人間」

戦場の兵士たちが心を病んだのは、自分が殺されるという恐怖心のためだけではない。敵国の兵士に銃を向けることをためらったからである。

第一次世界大戦時、戦場で敵と対面した兵士は、自分が先に撃たなければ確実に相手に撃たれて殺されるという状況に置かれた。しかし、実際に銃の引き金を引いた人は多くはなかった。敵と向き合ったまさにその瞬間に「良心的兵役拒否者」になったのである（グロスマン『戦争における「人殺し」の心理学』）。

しかし、これでは敵と戦えないので、後の戦争では、反射型のゲームが導入された。ゲームを使った訓練は劇的な効果をもたらした。兵士たちは敵と対面した時に、自分の撃った銃弾で相手が苦悶する顔を思い浮かべる前に、反射的に引き金を引けるようになったので、良心の痛みを感じなくなったのである。

地上戦での敵とは異なり、飛行機から爆弾を投下したり、ミサイルを発射したりする場合は、自分が殺す人の顔を思い浮かべないかといえばそうではない。訓練によって、反射的に無意識で爆弾を投下したり、ミサイルを発射したりできるようになった。しかし、自分が殺傷した人の顔が、その人が死んでいく様子が思い浮かぶ。そのため、多くの人が戦後も長く苦しむことになった。

池澤夏樹が、イラク戦争について次のようにいっている。

「アメリカ側からこの戦争を見れば、ミサイルがヒットするのは建造物３３４７ＨＧとか、橋梁４４９０ＢＢとか、その種の抽象的な記号であって、ミリアムという名の若い母親ではない。だが、死ぬのは彼女なのだ。ミリアムとその三人の子供たちであり、彼女の従弟である若い兵士ユーセフであり、その父である農夫アブドゥルなのだ」（『イラクの小さな橋を渡って』）

ミサイルを発射するためには、顔を見てはいけない。この人やあの人の生命を奪うのではなく、物を破壊するのと同じだと考えなければならない。ここまでしなければ、人と人が敵対できないということは、人と人は敵対しているのではなく、つながっているのが本来のあり方であることの証左だといえる。

■他者を助ける

戦場での事例を引いて、人と人がつながっているのが本来のあり方だと書いたが、日常の生活においても、このことが明らかになる状況がある。

例えば、電車の中で誰かが助けを求めるような状況である。そのような人がいれば、その人が誰であれ、助けようとするだろう。和辻哲郎は、次のようにいっている。

「人は、他の人々をすでに初めより救い手として信頼しているがゆえに呼ぶのである」（『倫理学』）

助けを求める人がいても助けようとしない人はいる。他者に無関心な人も中にはいるだろうが、多くの人は力になりたいと思っている。しかし、そうできない事情がある人もいる。

助けを求める人はこのようなことも理解した上で、他者を救いの手を差し出す者として信頼し助けを求めるのである。救いを求めて叫ぶ声を聞くとは、信頼の声を聞くということである。

このような信頼は、人命が危急に瀕《ひん》するというような特別な場合にのみ見出されるのではない。道に迷った時には、見知らぬ人であっても近くを通りかかった人に道をたずねるだろう。

「その人がいかなる人であり、いかなる心構えを有するかを全然知らない場合でも、彼はこの人が彼を欺かず彼を迷いから救い出してくれると信じ切っているのである」（前掲書）

私が初めてパリに行った時、シャルル・ド・ゴール空港でパリ市街までどうやって行けばいいかたずねられたことがあった。幸い、渡航前に得ていた知識で答えることができたが、よくわからないままに答えたら間違った情報を教えることになったかもしれない。私にたずねた人は誰かにたずねればわかると人を信頼していたのである。

中には、道をたずねられた時、意地悪でわざと嘘を教える人もいるかもしれない。「しかし、それは当然期待さるべき親切な態度が欠如している場合に過ぎぬのであって、右のごとき信頼を覆し得るものではない」(前掲書)のである。

そのようなことは例外で、道をたずねる時には教えてもらえると信頼しているのである。知らなければ知らないと答えるだろうが、故意に間違った道を教える人は絶対いないとまでは断言できないとしても、そんな人はまずいないだろう。

たずねる方も一度嘘を教えられたからといって、その後道がわからない時に道をたずねるのをやめたりはしないだろう。実際には、教えてくれた人が間違っていただけで、悪意から嘘をつくような人はいない。

このような信頼は何か特別なことではなく、普通のことである。電車に乗っている時、同じ車両に乗り合わせている人が乗客に危害を加えるとは思わない。そんなことを考えたら電車に乗れない。

ただ、普通は他の乗客に話しかけたりはしない。本を読んだり、窓の外を見たりして過ごす。満員電車の中では人と人の距離はかなり近い。隣にいる人に対して、個人的に関心がないことを示さなければならないこともある。

しかし、何か緊急のことが起きれば助け合うだろう。その時、知らない人同士であっても人とのつながりが強く感じられる。

助けを求めても誰も救いの手を差し伸べないかもしれない。道をたずねても無視されるかもしれない。何が起こるかは誰にもわからない。しかし、たずねた時にその未知なことを補うのが信頼である。他者は隙あらば自分を陥れようとする敵かもしれないと思って他者を信頼できなければ、生きていくことは難しい。

助けを求める人に救いの手を差し伸べるのは、他者の身に起きていることが自分の身に起きていることのように感じられるからである。

■他者に関心を持たない人

しかし、そのように感じない人がいるのも本当である。アドラーが次のような事例を引いている。

ある若い男性が何人かの仲間と一緒に海に出かけた時のこと。彼らのうちの一人が岸壁の縁から身を乗り出していてバランスを失い、海の中に落ちてしまった。その若者は身を乗り出して、仲間が海に沈んでいくのを珍しそうにじっと見ていた。後になって、好奇心以外の何ものもなかったことに思い当たった。

「彼が、その人生において、そもそも誰にも何か悪いことをしたことは一度もなく、さらには、折々に人とうまくやっていくことができると話すのを聞いても、このことが彼の共同体感覚がわずかであることについて、われわれを欺くことがあってはならない」(『性格の心理学』)

仲間が海に沈んでいくのを見ても何もしないでじっと見ているような人は、共同体感覚がわずかしかないとアドラーはいう。

ここでアドラーが「共同体感覚がわずかである」といっているのは、友人が恐怖を感じているに違いないのに何もしないでただ見ているのは、この男性がこの友人とつながっていないという意味である。共同体感覚を表すMitmenschlichkeitが「人と人がつながっていること」という意味であることは先に見た。

なぜこの男性が友人とつながっていないのかといえば、自分にしか関心がないからである。友人の身の上に何が起ころうと、それが自分に関係があるとは思わない。

友人が海に沈んでいくのを見た時に、実際にはすぐに飛び込んで助けるという行動には出られない。それでも、普通は仲間を何とかして助けたいと思うだろう。じっと眺めているのは尋常《じんじょう》でない。

アドラーの共同体感覚は、英語では“social interest”と訳された。これは「社会的関心」ということだが、自分への関心（self interest）と対比して、「他者への関心」ともいえる。アドラーは「自分への執着」（Ichgebundenheit）が個人心理学の中心的な攻撃点だといっている（*Alfred Adlers Individualpsychologie*）。すべてを自分につなげる、結びつける（binden）という意味である。

友人が感じているに違いない恐怖にまったく関心を持たず、何もしないでただ見ている人は、他者に関心を持たず、そのため自分が他者とつながっているという感覚を平素から持っていない。このように他者とつながっていないこと、そして、他者に無関心であることが本来的な人のあり方ではないことは、電車の中などで助けを求める人への対応などからわかると思うのだが、非日常的な経験では助けようとする人でも、普段の生活の中では自分にしか関心がない人は多い。だからこそ、アドラーは「自分への執着」を問題視したのである。人がつながっているのが本来的なあり方なのに、なぜ自分にしか関心がない人が多いのかはやがて考える。

第2章

依存する人

■なぜ依存するのか

人と人がつながっているのが本来のあり方である。敵対するのも、無関心であるのも人の本来のあり方ではない。しかし、どんなつながりでもいいわけではない。

他者とつながっていると感じられる人は一人でも孤独とは感じない。しかし、誰かの近くにいなければ、または誰かの近くにいてもつながりを感じられない人は、他者に依存することで他者とのつながりを感じようとする。

子どもは母親の胎内にいた時には、母親と一体だったので、母親が自分とは別の人格であるとは思っていなかっただろう。生まれてからも、親の不断の援助がなければ生きることはできなかった。しかし、次第に自力でできることが増えていく。それでも、その事実を認めたくない人がいる。

親も、子どもができることでもいつまでも任せようとしない。失敗させたくない。自分がやった方が速いと思うからである。しかし、本当は、子どもが自分の手から離れていくのが怖いのである。

かくて、親は子どもをいつまでも甘やかし、子どもも親の援助を断らなければ、子どもはいつまでも甘やかされ続ける。

なぜ親に依存するのをやめられないのか。自分でするよりも、人に頼る方が楽だからである。また、自分で考えず親に従っていれば、何か問題が起きた時に責任を取らなくていいと考えるからである。自分で決めると、その決定には責任が伴う。自分で決めてうまくいかなくても、誰のせいにもできない。そのような事態になるのを避けたい人は、自分の人生なのに、自分で決めずに親任せにするので、自分の人生を生きられず親の人生を生きることになる。

■心が弱っていると依存する

学生の頃、母が脳梗塞《のうこうそく》で入院し、看病のために長く病院で過ごしたことがある。私は母の病床にばかりいると疲れてしまうので、母の状態が落ち着いている時を見計らって病院内を歩いた。

そのような時に、知らない人から声をかけられることがよくあった。入院している他の患者の家族かと思ったがそうではなかった。宗教の勧誘のために病院に入り込んだ人たちだった。家庭で飲んでいる水が悪いとか、祈禱《きとう》をすると治るといった話を聞かされると、早く治りたい患者や、家族が助かることを強く願っている人がそのような話を信じてしまっても不思議ではないだろうと思った。

父は誰かから放置された壺が家の物置にあるはずなので、それを探し出してきれいにすれば、母の病気がよくなるといわれた。そこで、会社を休んで蔵の大掃除をしたところ、たしかに壺が出てきた。

そのことを父は興奮気味に私に話したが、古い家なら壺くらい出てくるだろうと私は思った。私は何もいわなかったが、父が壺をきれいにしたら母の病気がよくなるといった人を信じてしまいそうで怖かった。

母が亡くなった後、私に名前を変えた方がいいと忠告する人が現れた。名前を変えなければどうなるのかと問うと、「不幸になる」という答えが返ってきた。その人は母の親しい友人だったが、私はその提案を断った。その後、その人には私が不幸になったと見えたかもしれないが、もしも不幸になったとしても、それは名前を変えなかったからではない。

家族に冷たくされたりつらく当たられたりするという時に、近づいてきた人から優しくされると、その人のことを家族以上に信頼してしまうことがある。その人から勧められて、高額な商品を買ってしまう。自分や家族が病気の時や他の家族につらく当たられるような時には、冷静に判断することは難しい。

父は晩年ある宗教に入信した。親の信仰を子どもが止めることは本来できない。しかし、父が私にも入信を勧めてきたので困惑した。他人なら簡単に断れる。断ったために関係が悪くなったとしても何の問題もない。

しかし、親の勧めであれば断れない人もいるだろう。宗教二世と呼ばれる人であれば、子どもの頃は親の信仰する宗教について自分で正しく判断できず信仰してしまうかもしれないが、後になって教義について疑問に思い、離れていく人もいる。その時、親が強く引き止めると、内心疑問に思っていても離れられないということもあるだろう。

■患者の医師への依存

医師と患者との関係においても、患者が医師に依存することがある。アドラーは次のようにいっている。

「患者を依存と無責任の立場に置いてはいけない」（『人生の意味の心理学』）

「依存の立場に置く」というのが、今問題にしていることだが、医師が患者を依存させるまでもなく、身体の不調を感じて不安な気持ちで医師の前にすわる患者が、医師に依存しないでいるのは難しい。今は医師を絶対的な権威と見る患者は少なくなっているだろうが、専門家としての医師に依存する患者はまだまだ多い。

カウンセリングの場合は、カウンセラーに自分をよく理解してもらえたと思ったクライエント（来談者）が、カウンセラーに依存することがある。最初はカウンセラーに抵抗するクライエントでも、「自分ではわかっていないだけだ」というようなことをカウンセラーがいうと、カウンセラーが権威者になり、カウンセラーに依存することになる。

カウンセラーが「あなたが悪いのではない」というのは、生きづらさを感じている人にカウンセラーが「無責任の立場に置く」というようなことである。

子どもの頃に親から受けた教育の影響力は大きいので、親が今の自分の人生を決めたと考える人はいる。また、過去の経験がトラウマになっていると信じる人も多い。自分の意志に反して強《し》いられた経験が大きな影響を及ぼすのは本当だが、カウンセラーが、今の生きづらさの原因を親の教育や過去の経験に求め、子ども自身には責任がないと思わせるとどうなるか。私が悪いのではないと安堵するかもしれないが、「無責任の立場に置く」ことになる。解決が困難なことはあるが、他者に責任を転嫁《てんか》したところで問題は何も解決せず、クライエントは自分に責任がないというカウンセラーに依存することになる。

自分の心や身体のことについては専門家の助言を受けるべきだが、その助言を実行するかしないかは自分が決めるしかない。それなのに、どうするべきかを他者に決めてもらおうとするのは、自分で決めたために起きることの責任を回避したいからである。

自分の心や身体のことについて自分では決めないで他者に委《ゆだ》ねても、その人が自分の人生を代わりに生きてくれるわけではない。自分の人生は自分で責任を持たなければならない。

■叱られると依存する

叱られて育った人も依存的になる。幼い子どもでなければ、自分の行動の意味を理解している。つまり、こんなことをすれば親に叱られるとわかっている。職場で上司から叱られる部下も同じである。叱られるのはわかっているのに、叱られようとするのはなぜか。叱られてでも注目を得たいからである。叱られたい人などいないだろう。しかし、子どもであれば適切な行動をし、部下であれば仕事をやり遂げればいいものを、そうすることでは認められないと思っているのである。親は子どもが適切な行動をしても当たり前のことだと考えて格別声をかけない。上司も部下が仕事ができて当然なので注目しない。仕事の場合は、自分が無能力だと思い、上司が期待するような成果を出すことでは認められないのであれば、せめて叱られることで認めてもらおうと思う。そのように思う子どもや部下は、親や上司に依存しているのである。

依存するのは注目されるためだけではない。自分で判断して失敗し、そのため叱られると、やがて自分で判断して叱られるくらいなら、自分では何も考えないで、いわれたことだけをしようと思うようにもなる。これも依存である。

叱ることで生じる心理的距離も問題である。叱られると叱った人との心理的な距離は遠くなる。アドラーは、怒りは trennender Affekt, disjunctive feeling であるといっている（『性格の心理学』）。「人と人とを引き離す情動」という意味である。叱ることと怒ることは違うという人もいるが、叱っている時に怒りを感じていない人はいないだろう。

親や上司でも関係が近いと感じられたら、いうことがおかしいと思った時に自分の考えをいえるが、頭ごなしに叱るような人に対しては、関係が遠いので、いっても無駄だと思い何もいわない。こうして、自分では何も判断しなくなり、判断をすべて他者に委ね、その結果、依存的になる。

また、親や上司は今し方の失敗についてだけでなく、「いつも」失敗ばかりするというようなことをいう。今し方してしまった失敗であれば上司から叱られることを甘受できても、いつも失敗ばかりしているというようなことをいわれたら、自分に能力があるとは思えなくなる。

アドラーは、「自分に価値があると思える時にだけ、勇気を持てる」といっている（*Adler Speaks*）。仕事の場合であれば、「自分に価値がある」とは自分に能力があるということ、勇気とは仕事に取り組む勇気のことである。時に失敗することはあっても、自分には能力があると思えれば、自分で考えて仕事に取り組もうとする。しかし、叱られてばかりいると、自分には価値がない、つまり、能力がないと思い、仕事に積極的に取り組もうとしなくなる。何をしても叱られるのであれば、自分では考えず指示されたことしかしなくなるのである。

それなのに、「あの時、叱られてよかった」という人がいる。叱られたからこそ、私は伸びた、今の自分があるというようなことをいう人もいる。叱られてつらい思いをしたであろうに、後日成功した時に（何をもって成功というのかは問題だが）、そんなことを忘れてしまうのか、叱られたことも自分の成長の糧《かて》になったと過去を美化しただけである。そのような人は、ただ上司の言いなりになっていただけではないか。

スポーツ界でも、パワハラとしかいえない指導をされ屈辱的な思いをしても、いい結果を出せるのであれば、そのような指導を甘んじて受ける人がいる。実際、いい結果を出せたら、コーチは自分の指導が間違っていなかったと思う。叱らなければもっといい結果を出せたかもしれないとは思いもよらない。パワハラ指導を受けてでもいい結果を出したいと思う選手は、コーチに依存することになる。

四六時中子どもを叱るような親に育てられた人にうっかりひどい親だといおうものなら、あの親にもいいところがあると親を擁護《ようご》することがある。本来的には怒りの感情は人と人を引き離すのに、なぜこのようなことになるのかといえば、一つには叱られたくはないけれども、自分で決めて責任を負うことを回避したいからであり、もう一つは叱られてでも注目されたいという屈折した承認欲求があるからである。

■属性付与——他人に「特性」を与える

精神科医のR・D・レインは、親が放課後子どもが学校の門から出てくるのを待っているという状況を例に「属性付与」について説明している（*Self and Others*）。

「属性」（attribution）とは「事物の有する特徴・性質」を意味する。例えば、「あの花は美しい」という時の「美しい」が属性（花に属している性質）である。その属性を、ものや人に与えることを「属性化」あるいは「属性付与」という。

子どもが校門から出てくる。親は子どもが自分を見つけて、自分に向かって走ってきて抱きつくだろうと思っている。ところが、母親が抱きしめようと腕を開いても子どもは少し離れて立っている。母親は、子どもに「あなたはお母さんのことが好きではないの」とたずねる。同じ状況で、大好きと満面の笑みで親のところに駆け寄って抱きつく子どももいるだろうが、その子どもは親に抱きつかず、「私のことが好きではないの」と親が問うた時に、「好きではない」と答えた。

その時、母親は子どもに「でも、私はあなたが私を好きだということを知っている」といった。これが属性付与である。つまり、親は子どもが好きではないといっているのに、そうではない、あなたは私を好きなはずだとか、あなたは従順であるべきだ、親に歯向かったり、反抗したりしない子どもだという属性を子どもに付与する。

これがなぜ問題かといえば、弱い立場の人、例えば、子どもにとっては、親の属性付与が事実上の命令になるからである。子どもは大人（親）が自分について行う属性付与を否認できないことがある。

あなたが本当は私を好きであることを知っていると親からいわれた時に、子どもがそうかもしれないと思ってしまうと、親の属性付与は「私を好きになりなさい」という命令になる。本当は親のことが好きではないのかもしれないと思っても、その気持ちを封印してしまう。このように、親が子どもにする属性付与が子どもを依存的にする。

子どもが大人の期待に応えなければならないと思うこともある。私は子どもの頃に、祖父から「お前は頭のいい子だ」といわれて育った。「お前は頭のいい子だ」というのも、ただ子どもへの属性付与ではなく、「お前は頭のいい子なのだから、勉強しなさい」「勉強していい成績を取って親を喜ばせなさい」という命令になる。「お前は頭のいい子だ」と祖父からいわれるとたしかに嬉しかったが、後には重荷になった。小学生になって初めて通知表を受け取った時、算数の成績がよくないことを知り、これでは祖父の期待に応えられないと思ったのである。

レインは、「ある人に与えられる属性が、その人を限定し、ある特定の境地に置く」といっている（前掲書）。属性化が命令であるというのは、今の例でいえば、子どもはどんなふうに育ってもいいはずなのに、自分が親によっていい成績を取れる子どもとして限定されるからである。

自閉症スペクトラムの弁護士が主人公のドラマを見たことがある。その中で、弁護士が「私のように障害があると、好きだというだけでは十分でないようだ」と語るシーンがある。彼女は人を愛することがどういうことなのかをなかなか理解できない。人から話を聞いたり、本を読んだりして理解していたつもりでも、自分で経験して初めてこの気持ちが愛なのだろうかととまどう。私が好きだったらそれでいいではないかと思いたいのだが、まわりの人は、彼女が感じている感情を愛だと認めず、彼女は人を愛せないと決めつけているように見えることに困惑する。

属性付与に反発しないでそれに自分を合わせてしまうと、自分に属性を付与する人に依存して生きることになる。

先に叱られると依存的になると書いたが、ほめることも依存的にする。ほめられたら嬉しいではないか、自信を持ち、やる気を出せるようにするためにはほめてもいいのではないか、ほめて伸ばすのは大事なことではないかと考える人は多い。しかし、ほめるとは何らかの意味で上にいる人が下にいる人にする評価である。部下が上司を普通はほめたりしないだろう。対人関係の下に置かれることは嬉しくはないはずなのに、いわば家来や子分になって自分をほめる人に依存する人はいる。

実際よりも過剰な評価をされた時も、自分をほめた人の期待を満たさなければならないと思うが、実際にはそれができないと思った人にとって、ほめられることはプレッシャーになるので、期待を満たせなければ認めてもらえないと思うと、自信を失ってしまうことになる。このように、ほめることも属性化であり、命令になってしまう。

■属性付与が偽りのつながりを作る

属性付与のみならず、親が子どもに何かを命じた時に、子どもが親に反発しなければ「偽りのつながり」（false conjunction）が形成される。子どもが親に反発しなかったら、一見よい関係が築かれるが、子どもは親に依存しているだけで自分の考えを持っていないか、持っていても親に従ってしまっている。

子どもは幼い頃は親の保護がなければ生きていくことはできないが、やがて子どもは自立していく。ところが、この「真の背離」（real disjunction）を認めようとしない親は、自分に都合のよい解釈をして、子どもを自分のもとに留めておこうとする。子どもが親を好きではないといっても、本当は好きなのだと解釈する。

子どもが親から離れようとしていなくても、本来親と子どもは独立した人格であり、分離した存在である。それなのに、属性付与を行うことによって「偽りのつながり」を作り出し、親と子どもの間には何の隔たりもないかのように見せる。

親子関係に波風を立てたくないという理由で、親に従う子どもはいる。そのような人は好きな人と結婚しても親に反対され祝福してもらえなければ意味がないと、好きな人よりも親を選ぶことがある。

子どもは自立しなければならないが、そのためには意識的な決断が必要である。後に見るが、偽りのつながりを断たなければならない。

■いいたいことをいわない人

上司に従わなければ、その上司からよく思われないだけでなく、同僚からもよく思われないかもしれない。そうなることを恐れる人は、上司のいうことに納得できなくても、上司に逆らえない。異議を唱えなければ共同体の和や秩序は乱されない。これも偽りのつながりである。上司や同僚によく思われたい人がこの偽りのつながりに身を委ねる。

共同体に所属している、共同体の中に居場所があると感じられることは人間の基本的な欲求であるが、所属の仕方は人によって違う。親に逆らわない、多数派につくという仕方で家庭や職場という共同体に所属しようとする人がいる。そのような人はいいたいことがあってもいわない。共同体に所属していなければ不安を感じるので、波風を立ててそこから追い立てられることを恐れるからである。

しかし、所属感は本来大きな共同体に所属して安心することではない。安心したいがために、共同体に所属していると感じたい人は共同体に依存することになる。

依存的な人は共同体がつながりを求めてくれば容易に応じる。つながりが強制されているとわかる時はまだしも安全である。強制に抵抗するのは難しいが、強制する人が見えている。しかし、心が弱っている時などは、他者とどんなつながりの中にあるのかを見極めることが難しく、自分がつながることを強制され、そのつながりに依存していることに気づかないことがある。

■権威に依存する

権威から与えられる答えを鵜呑《うの》みにする人がいる。なぜ権威に依存してしまうのか。

エーリッヒ・フロムは、権威を合理的権威と非合理的権威に分けている（*Man for Himself*）。普通は権威がある人と権威がない人とに分ける。対等の関係を重視するアドラーは権威を一切認めないが、フロムの切り口は違う。

フロムは、独裁的で非合理な権威を持つか、あるいは権威をまったく持たないかという二者択一ではなく、本当の問題はどんな種類の権威を持つかであるといい、権威を合理的な権威と非合理的な権威に分けるのである。

　合理的な権威は能力に由来する。ある人の権威が尊敬されるのは、その人が他の人から委ねられた仕事を巧みに処理できるからである。決して、何か魔術的な力を持っているからとか、カリスマがあるからではない。知識があり、それにもとづいて仕事ができる人は、合理的な権威を持っている。そのような権威には他者からの同意や賞賛は必要ない。

　合理的な権威といわれるのは、理性にもとづいていて、理性の名の下に権威が行使されるからである。理性は普遍的なものなので、それに従うことは服従ではない。

　教師は学生に対して合理的な権威を持つ。学生が納得して自分の誤りを受け入れても、それは教師に服従することにはならない。

　私は若い頃大学で古代ギリシア語を教えていた。学生が間違った時に、間違いを指摘するのは教師の仕事である。間違いを指摘されたからといって、学生は怒ったりしない。教師は学生の間違いを指摘しそれを正すが、間違ったからといって学生の人格を非難しない。これやあれの問題を間違っただけであり、できない学生ではない。学生は教師の持っている権威が合理的なものであることを知っている。だから、間違いを正されても、自分が間違っていたことを受け入れることができ、教師に反発したりしない。

反対に、教師だからといって絶対間違えないというわけではない。教師が学生から誤りを指摘されることもある。その時、合理的な権威を持った教師であれば、その学生の指摘を冷静に受け入れ、感情的になることはない。もしも学生の指摘を受け入れることができず感情的になる教師がいたとしたら、その教師の持っている権威は合理的な権威ではなく、非合理的な権威である。合理的な権威が理性の下で行使されていれば、感情的なやりとりは起こらない。

合理的な権威を持った人が下す判断を理性で受け入れることをフロムは「自律的服従」、それに対して、他者の考えや判断をそのまま受け入れることを、「他律的服従」といっている（前掲書）。

フロムはいっていないが、もしも理性によって教師がいっていることが正しいと判断できなければ、教師の権威がたとえ合理的なものであっても、その教師の権威は学生の側からいえば非合理的な権威になってしまう。だから、学生は教師から教わったことであっても、必ず自分で考え、自分でそれの正否を判断できなければならないのである。

高学歴のエリートたちが、宗教の教祖の指示に従って人を殺《あや》めたという事件があった。なぜそんなことが起こるのか。自分も同じ立場に置かれたら同じようなことをしてしまうのではないかと考えなければ、その問いへの答えは見つからない。自分で考えないで安直な答えを求める人は、答えを与える人に依存し、何を指示されても従ってしまうからである。

■学生の成績がふるわないのは教師の責任

教師と学生の利害は、理想的な場合に同じ方を向いているとフロムはいっている。同じ方向というのは、学力をつけることである。フロムは、教師が生徒や学生の力を伸ばすことができなければ、その失敗は教師のものでもあれば学生のものでもあるといっている。

長く教えてきた私はフロムのいっている意味がよく理解できる。教師は講義をするためにかなり長い時間をかけて準備する。それなのに、何の準備もしないで、講義の時間にふらりと教室にやってくる学生がいる。教師の話が理解できなければ、それが自分の問題とは思わない。教師が長い時間かけて考えていたことをただ話を聞くだけで理解できるわけはない。それなのに、教師の話を理解できなければ、教師の教え方に問題があると思い込む。

もちろん、十分な準備をして講義に臨んでも理解できないことはある。その場合は、教師に質問すればいい。しかし、学生が教師の話を中断して質問することはめったになかった。

学生が自分で理解する努力をせずに、ただわかりやすさを求めるのは、学生が教師に依存しているからである。

話を戻すと、失敗は教師だけではなく学生のものでもあるとフロムがいうのは、教師がどれほど熱心に教えても、それを学生が理解しようと努力しなければ、失敗の責任がすべて教師にあるといえないということである。

アドラーは、フロムよりも厳しい言い方をしている。

「私は子どもの能力、無能力を信じない。あるのは教師の能力、無能力だけだ」（"Schwer erziehbare Kinder"）

学生の成績が振るわなければ、それは教師の責任である。教師は学生にも問題があるといいたくなるかもしれないが、学生が理解できなければ教え方に問題があり、学ぶ意欲がないことも教師の無能力であるとアドラーは考えるのである。

■匿名の権威に依存する――同調圧力

フロムは、二十世紀半ばぐらいから権威はそれまでとは性格を変えたと指摘している（*The Sane Society*）。権威が匿名になり、見えなくなった。明白な権威ではなく誰も命令するわけでもなく、従うことを強いられることもないので、権威に服従していることに気づかないことがある。そのため、従うことが強制されていても、自発的に従っていると思うことになる。

皆がしているから自分もしなければならないと思う人もいる。この場合は、強制されていると感じるが、誰か特定の人から従うよう強制される時とは違う。

その権威というのは、利益、経済的必要、市場、常識、世論、「ひと」がしたり、考えたり、感じたりすることである。この権威は目に見えないので、攻撃することはできない。「ひとがしたり、考えたり、感じたりする」という時の「ひと」（man）は、特定の人ではない。匿名の権威について論じられている文脈では、このひとは「世間」に等しい。

こういう時はこういうふうにするものだというような、世間一般でよしとされるような考え方が匿名の権威である。この権威が強力であれば、「同調圧力」として強く感じられ、それに屈服してしまう。しかも、同調圧力に屈服しているという意識すらないだろう。

この同調圧力は日本だけに特徴的な現象ではない。フロムも匿名の権威が働くメカニズムを「同調」であると指摘している。皆がすることをしなければならない。他の人と違っていたり、はみ出したりしてはいけない。自分が正しいか間違っているかもたずねてはいけない。問うことができるのは、世間に適応しているかだけである。後に問題にするが、同調圧力に屈服してしまうと、私は個性を失い、「私」ではなくなる。最初に見た青年が語ったように、社会適応は死を意味する。

■教育が依存的な人を作る

人が依存的になるのは、子どもの頃から受けてきた教育に問題があるからだと私は考えている。

算数は好きだが、国語は嫌いだという子どもがいる。答えが一つではない、あるいは、答えがないことを受け入れられないのである。どんな問いにも正解があると思っているので、答えがない問いがあることなど思いもよらない。答えがない、少なくとも答えを見出すのが難しい問題があれば困惑する。

算数についても、アドラーは次のようにいっている。

「どんな学科でも〔他の人が援助することで〕楽にできるようになるということがある。しかし、算数にはそういうことはなく、自力で取り組み考えなければならない。甘やかされた子どもたちは、大抵算数に十分準備されていないのである」(『教育困難な子どもたち』)

自分で取り組まなければ何も起こらないが、結果はすぐに出る。依存的な子どもは自分で取り組もうとしないか、取り組んでも望む結果が出なければすぐに諦《あきら》めてしまう。

アドラーは親が子どもを甘やかすので、子どもが依存的になると考える。

「母親があまりに度を越して子どもを甘やかし、態度、思考、行為、さらには言葉において協力することを子どもにとって余分なものにすれば、子どもはすぐに『パラサイト』（搾取者）になり、あらゆることを他の人から期待するようになる」（『生きる意味を求めて』）

このような子どもは他者から援助されない算数は苦手なのである。他の教科でも、よい結果を出すためには自分で取り組むしかない。答えが出ないように見える問題であっても、自分で考えなければならない。しかし、依存的な子どもは自分で答えが出せなければ、正答を与えてくれる大人に依存する。

これは勉強だけのことではない。アドラーは他者に依存して生きる甘やかされた子どもについて、著作の多くの箇所で取り上げている。多くの子どもは親に依存し、親は子どもを甘やかす。しかし、幸い、このような扱いに激しく抵抗する子どもたちが多いので、予想されるほど多くの害がなされるわけではないともいっている。その通りであればいいのだが、今の時代は甘やかされた子ども、パラサイトである子どもは、アドラーの生きた時代より多いのではないだろうか。

どの子どもも依存的になるわけではないが、教師や親も子どもを依存的にさせてきたのではないか、自分がそもそも依存的ではないか省みる必要がある。

何をいわれても従う子どもばかりであれば、子育てや教育は楽だろう。しかし、大人は子どもを従順にしてはいけないのである。それはおかしいのではないかといえない従順な生徒は、大人になった時、理不尽な命令を下す上司に対して反論しないだろう。また、悪政を疑問もなく受け入れてしまうようになる。

なぜこのようなことになるのか。幼い子どもは、「これ何？」「なぜ？」と一日に何度も疑問を投げかける。しかし、大人はすべての疑問には答えられない。子どもの質問を煩《わずら》わしいと思った大人は、子どもが質問すると、そんなことは考えなくていいという。そのようなことが続くと、子どもは何も質問しなくなる。

校則が理不尽だと思った生徒は、なぜこの規則を守らないといけないのかと教師にたずねるだろう。その時、教師も理由がわからないので、前から決まっているから守らないといけないと答える。生徒がそれは答えになっていないと指摘できなければ、教育は失敗したのである。

多くの校則には、本当は教師が生徒を支配するためという以外の目的はない。校則に何の疑問も抱かない生徒を支配するのは容易である。

■自分で考えない

大人にもわからないことはたくさんある。知らないことがあっても、スマートフォンで使えるＡＩに答えを求める人は多い。ＡＩが出す答えが正しいかどうか検証しようともしないで、それが正解だと思ってしまう。外国語も自分で読めなくても、たちどころに翻訳される。外国語を学ぶ必要がなくなったとまで思う人もいるが、訳文が間違っているとも思っていない。ＡＩが出してくる答えが正しいかどうかを判定できるためには、ＡＩ以上の知識が必要である。

順風満帆《じゅんぷうまんぱん》な人生を送っていると思っている人は、人生の意味は何かというようなことは考えない。それでも、自分の前に敷かれていると思っていたレールが消えるような経験をすることがある。病気になって、当然くると思っていた明日という日がこないかもしれないと思うような経験である。そのような経験をして、ようやく人生について考え始めるかもしれないが、その時、ＡＩは頼りにならない。ＡＩには答えられない。答えるとしても、一般的なことしか答えられない。人間は死すべき存在だと知っても意味はない。他ならぬこの私が死ぬとはどういうことなのか知りたい。ＡＩには答えられないだろう。

誰かに話を聞いたり、本を読んだりする人もいるだろうが、自分で考えなければ意味がない。しかも、人生の意味のような問いに対しては答えがすぐに出ないので、すぐに答えが出なければ考えるのをやめてしまう。

しかし、考えなければ何の悩みもなく生きられるわけではない。生きる希望が失せるような目に遭って絶望する。そのような人の心の隙間に宗教が入り込む。自分で考えようとしない人は宗教家の教えをそのまま受け入れてしまう。考えないで受け入れよ、信じよというようなことをいわれるからである。

人は死んだらどうなるのかというような答えられない問いもある。他者の死が不在であることはわかるが、自分が死ねばどうなるかは誰一人生還した人はいないのでわからない。親が宗教の熱心な信者であれば、子どもは親から神について教えられ、神の実在を疑ったことがなかったかもしれない。しかし、大きくなってから、友人から神などいないといわれ、神を信仰していることを馬鹿にされるかもしれない。そのような時、子どもは大人に本当に神はいるのかと問いかける。しかし、大人はその問いに答えられないので、ただ信じればいいのだと答えるかもしれない。その答えに納得した人は権威に依存するようになる。

第3章

支配する人

■非合理的権威で支配しようとする人

他方、支配する人がいる。アドラーが催眠について次のようにいっている。

「治療の方法として、催眠には危険がある。私は催眠を好まない。使うとしても、患者が催眠以外の方法を信頼していない時に限っている」（『個人心理学講義』）

アドラーが催眠を治療に使わないのは、催眠にかかる人が復讐的だからである。催眠は、基本的に治療者が「あなたを催眠にかけましょう」といい、患者がそれに対して「催眠にかかります」という同意をした時にだけ成立する。

その意味では、催眠にかかる患者は従順で治療者に依存的だが、治療者に対するこのようないわば「恋愛感情」は長続きしない。催眠を使わない医師に対しても同じである。最初は、医師に「お任せします」という患者も、治療が期待していたほど功を奏さなければ、医師に反発するようになる。たとえよくなったとしても、いつまでも従属する地位には満足しない。最初はたしかに治療者に対して従順だが、それは「後に治療者を軽視するための準備段階にすぎないことがある」とアドラーは指摘する（*Über den nervösen Charakter*）。

このような特に依存的な患者でなくても、医師はフロムのいう非合理的権威で患者を支配することがある。

この人を支配する力である非合理的権威を築き上げるために必要なのは、支配する側が圧倒的な力を持つことと、この権威に従う人の不安である。患者の不安を煽るのは難しくはないと非合理的権威を振りかざす医師は考えているだろう。

これは宗教でも見られる。献金しなければ地獄に落ちるというようなことをいわれたら、不安に駆られて入信する人がいる。冷静に考えればそんなことはないとわかるはずだが、不安になって入信してしまう人がいるのである。私の父がまさにそうだった。私に入信を勧める父に、私が拒否したらどうなるかとたずねたら、父は地獄に落ちると真顔で答えた。

合理的権威と違って非合理的権威は批判を禁じる。教育の場では、教師は学生に質問を禁じるか、疑問を持つことさえ禁じるかもしれない。そんなことは考えなくていい、ただ覚えればいいのだという教師は、非合理的権威を用いて学生を支配しようとする。医師やカウンセラーも、権威的であれば、救いを求める依存的な患者を支配する。

かくて、支配と依存は対になる。支配する人だけでは支配は成立しないということである。支配される人はその支配する人に依存するが、支配する人も、依存する人に依存している。

■「対面の会議でないと信頼関係を築けない」という人たち

リモートワークがすべての仕事に適用できるわけではないが、仕事をするために同じ場所に集まって対面しなくてもいいということに最初はとまどった人も多かっただろう。人から監視されているわけではないが、人目があるから仕事をしていた人は、一人で仕事をするのは容易でないと感じるかもしれない。また、人目がないため、仕事をさぼろうと思う人もいるだろうが、しなければならない仕事はあるのでさぼってばかりもいられない。

どのように仕事を進めるかは人それぞれである。すぐに仕事を終える人もいれば、長い時間をかける人もいる。私は哲学の試験監督をしたことがあるが、普段あまり熱心に講義を聞いていない学生はすぐに答案を書き上げて教室から出て行った。他方、私の話に関心を示し質問をする学生は、時間一杯かけて答案を書く。仕事も同じである。すぐに仕事を終えるからといって、有能とは限らない。有能な人は速やかに仕事を仕上げるが、長い時間をかけじっくりと考えることもある。もちろん、時間をかけても仕事ができない人はいるが。

一日をどのように使うかも人それぞれである。時間に縛られずに仕事ができるのが在宅勤務の利点である。朝早く起きるのが苦手な人は、起きるのは遅くても夜遅くまで仕事をする。

　最初はとまどうかもしれないが、在宅での仕事が思いがけず快適で、仕事も進むのであれば、リモートワークを続けたいと思う人は多いだろう。

　ところが、リモートワークの継続を願わない人がいる。新型コロナウイルスの感染者数が減ったわけでもなかったのに、会社として原則出社に戻すという動きが出てきたのは早かった。しかし、元の仕事環境に戻ることを皆が喜んでいるのかといえばそうではないだろう。リモートワークの利便性を一度経験してしまうと、従前の働き方に戻るのは難しい。

　リモートワークの導入で自宅で仕事ができるようになり、仕事の合間に洗濯物を干していたら、何と人間的な生活をしているかと思ったという人がいた。リモートワークではなく出社することを求める会社は、部下から人間らしい生活を奪おうとしているのである。

　原則出社に戻したい上司にもそれなりの理由がある。仕事は対面でないとできないと考えるのである。仕事それ自体は自宅でできないわけではないが、顔を合わせてする無駄話からよいアイディアが浮かぶという人もいる。

　いずれも本当ではない。リモートワークができる仕事であれば、対面しなくてもできる。「顔を合わせてする雑談からよいアイディアが浮かぶ」という人は、本当にただ雑談をしているのである。

多くのよいアイディアは一人の時に思い浮かぶ。誰かと話をしていたにもかかわらず、よいアイディアが思い浮かぶというのが本当である。よいアイディアが思い浮かばない時は、何をしても浮かばない。よいアイディアが浮かばない人が、対面での雑談がないことにその理由を求めているだけである。

リモートワークでは人と関係を築けないという人もいる。対面でないとコミュニケーションが取れない、対面の会議でないと信頼関係を構築できないという。しかし、対面していない時、離れている時に関係を築けない人は、実際に会ってもコミュニケーションは取れず、よい関係を築けないといっても過言ではない。信頼されない上司は会ったら余計に信頼されないかもしれない。

とにかく、会えば何とかなると思うのは、相手の愛を確信できない恋人のようだ。愛し合っている二人はいつも一緒にいたいと願うだろうが、離れていても寂しくない。関係がこじれてしまった時、電話では埒《らち》が明かない、とにかく直接会って話をしようという。しかし、会ったからといって関係が改善するわけではない。

外国語で電話をするのは苦手だという人は、顔が見えないからうまく話せないというが、外国語の力が足りないだけで、実際に会っても話すのは難しい。母語でも話すのは難しく、対面しても相手が理解できるように論理的に話せるわけではない。私は長くカウンセリングをしてきた。カウンセリングでは、表情、動作、姿勢、声の調子などが、クライエント（来談者）について理解するために有用であることは知っている。しかし、言葉だけではコミュニケーションが取れないというのは本当ではない。言葉だけでカウンセリングができないとすれば、カウンセラーが無能だからである。

声を聞くだけではコミュニケーションが難しいというのであれば、オンライン会議アプリを使うことができる。使ったことがない人が想像するのと違って、オンライン会議や、医療で利用されるようになっているリモート診療では、ディスプレイに大きく映る顔を見ることができ、実際の対面よりも表情がよく見える。もっとも、顔が見えれば相手のいっていることがよく理解できるかといえば、必ずしもそうではない。顔が見えることは理解の助けにはなるが、理解のために必須ではない。

診療についていえば、すべてをリモートで行うことはできない。痒《かゆ》さや痛さといった感覚は外からはわからないからである。しかし、その人が感じている痛みは、その人が目の前にいてもわからない。

私の場合、近年講演はすべてオンラインで行ってきた。海外とつないで講演することもある。編集者との打ち合わせもオンラインである。オンラインでの講演であれば、講演者は遠方まで行く必要がなく、講演を聴く側にもメリットがある。講演が遠方で開催されると、以前は大抵諦《あきら》めざるをえなかったが、今なら自宅で講演を聴くことができる。海外の講演も聴ける。主催者も会場の手配をする必要がなく、講演者に交通費や宿泊費を支給する必要もない。新型コロナウイルスの感染が収束しても、対面の講演に戻す必要はないと考えている。

■つながりの強制

話を元に戻すと、仕事は在宅でも可能だが「やはり」対面でないとできないと考えて出社を強いるのは表向きの理由でしかない。その本当の理由を本人もわかっていないのかもしれない。それは自分の目の届く範囲で部下に仕事をさせ、支配したいからである。出社するように指示するのは、仕事の効率とは関係ない。

部下が目の前で働いていないと支配できないと思う。だからこそ、部下を出社させ自分の支配下に置きたいのである。上司は部下が本当に仕事をしているのか疑っている。

また、出社を強いるのは、対面での会議であれば発言しなくても黙ってすわってさえいれば、部下を威圧することで支配できるのに（できると思っているということだが）、リモート会議ではそうすることができないので、対面することで支配したいからではないか。

リモート会議では、何も発言しなければいないのも同然である。理路整然と説得力のある発言をする上司は、有能なリーダーとして部下から評価されるだろうが、黙っていればそのような評価を得ることはできない。たとえ発言したとしても、論理的に語れなければ、リーダーとして有能とは見なされない。

対面していれば、部下を叱ることで支配できると思っている上司がいる。もちろん、オンラインでも叱れるが、ミュートされるかもしれない。しかし、対面であれば部下は逃げ場がない。

さらに、在宅でも勤務できるという自由を認めたくないのである。出社するかどうかはまるで踏み絵のようだ。出社を指示されたら何もいわないで大人しく会社の指示に従う人しか残らなくなるかもしれない。

リモートワークが今後どうなるかわからないが、リモートワークと出社のどちらも選べるのがいい。コロナ禍《か》が収束した後、何もかも元に戻す必要はない。便利なことをやめる理由はない。リモートワークができるのにリモートワークを選べないとしたら、そのオプションがないことはつながりの「強制」である。

二十分で終わるのであればオンラインでいいのに、京都から東京にくることを公務員に強いる政治家は、仕事そのものでなく、会いにこさせることで自尊心を満足させたいのだろう。

オンラインで仕事ができるのなら、政治家が外遊する必要もない。首脳の会談も対面である必要はない。突然の会議キャンセルが議長国のメンツを潰すと感じるのも、オンラインでの会議の有用性がまだ認識されていないからである。

学会もコロナ禍で中止になったり、オンラインで開催されたりした。今後もせめて対面だけでなく、オンラインでの聴講がオプションで可能であるのが望ましい。学生にとって遠隔地で開かれる学会に参加するための交通費の負担は大変だった。

対面の強制だけではない。今日、オプションをなくし、つながりが強制されることが多くなってきた。例えば、SNSやLINEは広く利用されているが、これらのツールを利用しない人は、変わり者どころか、コミュニケーション能力に欠けるとの烙印《らくいん》を押されかねない。SNSを利用しない作家はベストセラーを出していても特別だと見なされる。私はSNSでも時々発信しているが、フォロワーが多くはないので、新刊本に触れた記事をSNSで拡散してほしいといわれると困ってしまう。本を出版したいと思っても、フォロワー数が多いことを条件にする出版社があると聞いたことがある。

このように、つながりを強制することには支配という目的があり、有用性や便利さよりも、管理したいのである。

■偽りの一体感による支配

もっと見えにくい仕方でつながりが強制されることもある。福島の原発事故を例に説明すると、今もまだ多くの人が避難生活を強いられており、放射能汚染もまだ続いている。それにもかかわらず、原発事故をなかったことにしようとしているように見える政治家がいる。

原発事故は自然災害とは違う。地震や津波が引き起こしたものではあるが、原発が存在しなければ原発事故は起きなかったはずである。その意味では、原発事故は人災である。それなのに、事故の責任の所在を曖昧《あいまい》にし、皆が一つになって「国難」を乗り切ろうとする。共助を強調することは、また、原発事故が人災であることを忘れさせる。

無論、原発事故に限らず、何か災害が発生した時、被災した人の力になりたいが、まずは国が被災者を助けるべきであって、政府が共助を勧めるのはおかしい。

戦争の時には、さらに顕著に責任の所在が見えなくされる。敗戦の後始末を託されて成立した東久邇宮《ひがしくにのみや》内閣は、一億総懺悔論を唱えた。戦争責任は国民全体にあるというわけである。

原発事故の時には「国難」という言葉が使われた。災害時には、当然、被災した人を助ける必要はあるが、「絆」の形成が強制されるのは問題である。

一九二三年に発生した関東大震災の時には、朝鮮人が暴動を起こすという噂が流れ、多くの人が殺された。三木清が次のようにいっている。

「不安は人間を焦燥せしめ、そして焦燥は人間を衝動的ならしめる。そのとき人間は如何《いか》なる非合理的なものにも容易に身を委せ得るのである。かくて嘗《かつ》て多くの独裁者は、人民を先ず不安と恐怖とに陥れることによって彼等を自己の意のままに動かそうとしたのである」(「時局と学生」)

震災時の流言によって引き起こされた不安は、偽りの一体感を作り出し、災害発生時の政府の失策から国民の目を逸《そ》らさせた。流言は自然発生的に起きたのではない。二〇一一年の東日本大震災の時にも、被災地で外国人が犯罪を起こしているという噂がインターネット上で瞬《また》く間に広まった。

　また、二〇二二年に行われた安倍晋三元首相の国葬は、法的根拠がないまま国会での審議もしないで閣議決定されたことが何よりも問題だが、つながりが強制されたことも問題である。

　死者を悼《いた》むというのは内面的なことである。人の内面に踏み込むことはできない。国葬に反対することで不快な思いをしたり、弔意《ちょうい》を表すことを行動で強制される状況に置かれた時に不服従を貫くことは難しいと感じたりした人はいたであろう。為政者はつながりを強制することで共同体の一体化を図ったが、私はその強制に対する抵抗感を覚えたのである。

　しかし、抵抗するのが難しいのは、死者を悼むのは人間として当然のことではないか、親が死んだら悲しいだろうという人がいるからである。こうして、従わないと人間ではないような空気が作り出される。

■異なることを許さない空気

　コロナ禍によって、これまで存在していた問題が顕在化した。マスク着用は感染防止のために必要である。しかし、皆がマスクをしているからといってマスクをする、反対に、皆が外しているから外すというのはおかしい。このような行動は他人の行動に左右されるべきではない。自分で理性的に（コロナの場合、科学的に）判断して行動を決めるべきであり、他人の目が気になるからといって、マスクの着脱を決めるのは間違いである。

コロナ禍の初期の頃には、他の人がマスクをしているかどうかを監視する人がいた。決められた営業時間を超えて店を開いていないか監視する人もいた。科学的根拠もないのに、世界の趨勢《すうせい》は今やマスクをしないことだと専門家ではなく政治家が述べ、マスクを外させようとする政府の動きに同調する人もいた。今度はマスクを外さない人を監視する人が現れるかもしれない。

強制する人と、それに従う人がいる。従う人はただ自分だけが従うのではなく、他人にも従わせようとする。従う人は多数派になりたいのだが、そのためには他の人も従わせなければならない。

アドラーが他者の言動に関心を持つけれども、自分では何もしようとしない人の話を書いている。ある老婦人が市街電車に乗る時に、つるりと足を滑らせ、雪の中に落ちた。彼女は立ち上がることができなかった。多くの人が忙しそうに通り過ぎていったが、誰も助けようとはしなかった。

ついに、ある人が彼女のところへ行って助け上げた。この瞬間、どこかに隠れていた人が飛び出して、彼女を助けようとした人に次のようにいって挨拶をした。
「とうとう、立派な人が現れました。五分間、私はそこに立ち、この婦人を誰かが助けるかどうか待っていたのです。あなたが最初の人です」（『性格の心理学』）。この人は、「他の人の裁判官を買って出て、賞と罰を分け与えるが、自分では指一本触れたりはしない」（前掲書）。

なぜ自分が助けに行かなかったのか。「裁判官」は他の人を裁くことで、優越感を持ちたいのである。

このような人にもよい意図はある。自分の身を守らなければならないと思う。自分一人がマスクをしてもどうにもならないと思う。そこで、マスクをしていない人に注意をする。

「大抵、このような個人的な防衛が通常、再び他の人を害することと結びついている」（前掲書）

行き過ぎるのである。自粛警察や、感染者に敵意や憎しみを持つ人はこの例である。あからさまに敵意や憎しみを見せなくても、他者を批判することには憎しみが隠されているとアドラーはいう。

「憎しみの感情はいつも直線的でも明らかになるわけでもなく、時として、ヴェールで覆わ

れているということ、それは例えば批判的態度という、より洗練された形を取りうるということを忘れてはならない」（前掲書）

さらに問題は、このような相互監視の背後に権力があるということである。政府は直接手を下さず、政府の方針に従わない人を放っておけない人を利用する。他の人と同じようにしない人を従わせようとする人は、自発的に正義のために戦っていると思っているかもしれないが、決して自発的に戦っているのではないのである。

第4章

関係を分かつ

■偽りのつながりを真のつながりにするために

支配、強制されて作り出されるつながりは、偽りのつながりである。このつながりは、人は本来的には他者とつながって生きているという意味の真のつながりとは別物である。

支配は依存を前提とする。依存することをよしとする人がいるからこそ、支配する人がいるのである。リモートワークでは、上司から監視されたい部下がいるかもしれない。出勤せずに仕事ができるなら、エネルギーは仕事に向けられ、結果として生産性は向上するはずだが、人目がないと仕事ができないと思う。勉強しなさいと不断にいわれないと勉強できない子どものようである。このような部下を支配することは容易である。こうして支配したい人と支配され依存したい人とのつながりが形成される。

中には自宅で仕事をしたいと思っていても言い出せない人はいるだろう。いってもどうにもならないと初めから諦めているかもしれない。いいたいことやいうべきことをいわなければ波風は立たず、表面的には仲良く見える。上司や組織の不正を部下が見ないふりをしていれば、組織の秩序は保たれる。しかし、このような関係は偽りのつながりである。どうすればこのような、支配と依存から成立する偽りのつながりを真のつながりにしていけるかを考えなければならない。

■つながりの強制に気づく

つながることが強制されようとしていることに気づく人は、何かを強制されるようなことがあればどんな態度を取るか決められるが、強制されていることに気づかないと、従っていいものかという葛藤《かっとう》すらない。為政者にとっては黙って従ってくれるのはありがたい。

東京オリンピックが開催された時、オリンピックに命を懸けているアスリートのことを思うと中止はありえないというような世論が作られ、反対は唱えにくくなった。凶悪な犯罪の犠牲になった人の遺族感情を持ち出して、死刑制度に反対させにくくするのと同じである。実際には、遺族の誰もが死刑を望んでいるわけではない。それにもかかわらず、遺族感情が持ち出されると、死刑に反対することが難しくなる。

戦争をするためには、愛国心が必要である。テロがあった時や他国で戦争があった時には、国の外に敵を作ることで国内の結束を固めようとする。戦争をするために他国で起きた戦争を利用して、自国も他国から攻め込まれるかもしれないといい、愛国心を高揚させるのである。

国を守るためには、テロリストと戦わなければならない。そう信じさせられた多くのアメリカ人は、戦争は仕方ないと思った。スーザン・ソンタグはニューヨークのテロの後、どの車にも星条旗が翻《ひるがえ》っているのを見て辟易《へきえき》したといっている（Susan Sontag, *At the Same Time*）。社会全体がパラノイアに陥《おちい》っていたのだ。この時も、テロの犠牲になった人の家族が皆戦争に賛成していたわけではなかった。

外に敵を作れば、国民は一致団結するだろう。政治家はそう考えて、戦争を正当化する理由を探す。関心を外に逸らすこともできる。

しかし、「すべての戦争は財貨の獲得のために起こる」（プラトン『パイドン』）のである。政治家はこのようなことをあからさまにいえないので正義を持ち出すが、これは名目の正義でしかない。政治家は戦争を正当化する理由をいつも探している。

さらに、愛国心だけでは十分ではない。憎しみや怒りの感情を作り出さなければならない。実際には、戦争の相手国に宣戦布告した途端に、その国に対して敵意を感じることはない。この点については、後で問題にするが、国民の結束のために愛国心や、憎しみ、敵意、怒りが利用されるのである。

■オリンピックも利用される

人をつなぐためには何でも利用される。スポーツも利用される。オリンピックのメリットは国威の発揚だとテレビ局の解説委員が話しているのを聞いて、オリンピック憲章も知らない人がいることに驚いたことがあるが、スポーツイベントがオリンピック憲章に相容れない国威の発揚の目的のために使われるのである。

オリンピックなどで自国の選手がメダルを獲得するのを皆がこぞって応援するが、自国の選手が勝利することを国民がこぞって応援しなければならないというような雰囲気を私は好きではない。もちろん、スポーツの観戦を楽しむ人がいてもいいと思うが、関心を持たないのはおかしいといわんばかりに、関心を持たない人まで熱狂に巻き込もうとするのが、つながりの強制である。

その目的は、日本の選手がメダルを獲得した時に、国民が一体感を持つことである。選手が見事な演技をして高得点を出したのを見れば感動する。しかし、そのメダルを獲得するのが日本人でなければならない理由はない。自国の選手が勝つことを願っている人は、他国の選手の失敗を期待するというようなことが起こる。かくて、スポーツは戦争の隠喩を使って語られる。

外に敵を作る代わりに、国の分断を図ることもある。若者がコロナウイルスの感染を広めているとか、高齢者のために若い自分たちが犠牲になっているとか、自分たちの自由が奪われているとか、年金を払ってももらえないというような不満は若者と高齢者を分断する。

このような分断が起きると、国がまとまらないので意味がないように見えるが、為政者にとっては国民を支配するために有用である。支配される側の結束が分断されたら、為政者に怒りの矛先が向けられなくなったり、弱体化するので反乱を防ぐことができるからである。

また、反対者を排除すれば、それ以外の人がまとまる。日本人であれば国葬に賛成するといった政治家がいた。先に使った言葉でいえば、国葬に反対する人は国民でないという属性付与をすれば、反対する国民を排除した国家は一体化する。しかし、異論を排除することで一体感を持てたとしても、そのような社会では人がつながっているように見えるだけである。

自国の選手をこぞって応援しないといけないと思わされ、関心がないといえない雰囲気があるならば、フロムの言葉でいえば、見えない匿名の権威の強制があるのである。しかし、反対しにくい雰囲気、世論はそれが必要だと考える人が作っているのであり、本当は匿名ではない。目に見える権威に強制されたくない人も、自発的に国を愛することを好む。そうすることを強いる人たちの存在は隠されているだけなのである。

■自発的であることの罠

本当はコントロールされていることが意識されていなければ抵抗するのは難しい。政府が何でも個人の判断に任せるという時、二つの理由がある。一つは、自発的に選択「させる」ためである。選択させられた人は自発的に選択したのではない。これは親が子どもを自立させようとするのと同じである。子どもに選ばせたい人生の進路を親が準備し、その親が準備した人生のレールを子どもが自発的に選ぶことを求める。しかし、選択させられた子どもは自発的に選択したことにはならない。

もう一つは、選択の責任を取らないためである。何かをするかしないかは自分で決めるしかない。そのことの責任は自分に降りかかる。その意味で、どんなことも決断は自己責任だが、これを他の人がいうと妙なことになる。選択した結果うまくいかなかったら、それは自己責任である。しかし、自分では責任が取れないことまでも責任を取らせようとする人もいる。親はあなたの人生だから自分で選んだらいいというが、その実、親が子どもに生きさせようとすること以外の選択肢はない。

人生で子どもが成功することを望んでいる親は、子どもが大学には行かないといえば怒るだろう。子どもが親の望む人生を選んだものの、何らかの問題で行き詰まった場合、それは子どもの責任になる。

哲学者の田邊元《はじめ》は、戦時中、戦地に赴《おもむ》く学生に「自ら進んで自由に死ぬことによって死を超える」(『歴史的現実』)と説いた。実際には、国が学生に国のために戦い死ぬことを強制したのだが、田邊は「自発的に協力せしめる」という言い方をしている。何に協力させようとしたか。種の、つまり、国家の団結に協力させようとしたのである。むろん、協力させられた人は自発的に協力したことにならない。しかし、自発的に協力せしめられた人は自発的に協力したと思ったであろう。

■関係を見直す──剣を投じる

人と人は本来的につながっているが、何もしなくても他者とつながれるかといえばそうではない。

親子関係のことを考えればわかる。親子であるというだけでは、親が子どもと、子どもが親とつながり、親子関係が成立するわけではない。それどころか、親子は関係が近いので、他のどの関係よりも関係がよくないことが多い。

親は子どもに「いい子であれ」という。勉強ができ、親のいうことに逆らわない子どもであることを親は子どもに期待する。子どもも親の期待を満たそうとし、反抗しようとしなければ一見よい親子関係ができる。しかし、これは子どもが親には逆らわないで、従うのが当然だと思っている間だけである。

三木清は『語られざる哲学』の中で、イエスの言葉を引いている。

「われ地に平和を投ぜんために来れりと思うな、平和にあらず、反《かえ》って剣を投ぜんために来れり。それ我が来れるは人をその父より、娘をその母より、嫁をその姑嫜《しゅうとめ》より分たんためなり」

これは『マタイによる福音書』から引かれたものである。イエスは「平和」ではなく「剣」を投じるため、親子、嫁姑を分かつためにこの地にやってきたという。

この一節を引く前に三木は次のようにいっている。

「押しが強いと云うこともしくは自己を主張することもしくは反抗するということがそれ自身誤っているのではない」（前掲書）

三木の書き方は、自己主張、反抗を全面的に肯定していないように見える。

「誤っているのはいかなる点において押しが強いか、いかなる自己を主張するか、またいかなる事物に反抗するかに関係している」（前掲書）と三木はいっている。関係を見直すためには、反抗するのでなくても、自己主張できなければならない。親がいっているからといって、無批判に受け入れていてはいけないということである。自分がいいたいことをいわず、反抗しない方が問題は大きい。

私がカウンセリングで会ってきた若い人たちは親に逆らわない「いい子」ばかりだといってても過言ではない。親が理不尽なことをいっても反抗しない。子どもが何の疑問もなく親に従っていれば表面的には何の問題もないよい親子に見えるが、これは偽りのつながりである。

このような関係は一度は崩す必要がある。関係を悪くするという意味ではない。子どもが親に反抗し、背《そむ》くのがいいといっているわけではない。人と人が真につながるためには、一度従前の関係を見直す必要があるという意味である。

親子であるというだけではよい関係を築けないので、いい関係に見えても、一度、関係のあり方を意識化しなければならない。それがイエスの「剣を投じる」ということ、親と子どもとの結びつきを「分かつ」ということの意味である。

関係を見直すことをイエスは「剣を投じる」といっているのである。関係を分かつことが最終の目標ではない。関係のあり方を見直し、その上でよい関係を築く必要がある。どうすればいいかは後に考える。

■「する」側に立たない

親子関係においては、親の対応に問題を感じたら子どもの立場から反発できる人でも、より大きな共同体の中では「する」側に立ってしまう人がいる。これは体制側につくということである。

消費税が上がれば、生活がたちまち苦しくなるのに、増税はやむをえない、しかも、増税は防衛費を増やすために必要なことだと、自らは戦場に行くつもりなどまったくない政治家と同じ立場に身を置き、その意味では自分を安全圏に置いて考え、増税になっても国のためにできることは協力したいという。

このようなことをいう人は、生活者として考えていないのである。今自分の身に起こっていることが対岸の火事、他人事だと思っているので、評論家のように起こっていることについて自分の生活を考慮に入れないで分析、論評する。

このような為政者側、「する」側に身を置いて考える人は、自分が支配されていることに気づいていない。これは、無批判に他者につながることの例である。

どんな共同体も維持されるためには秩序が必要である。仏文学者の渡辺一夫は、その秩序を乱す人に対しては、社会的な制裁を当然加えてしかるべきである、ただし、その制裁はあくまでも人間的でなければならず、秩序の必要を納得できるような制裁でなければならないという（「寛容《トレランス》は自らを守るために不寛容《アントレランス》に対して不寛容《アントレランス》になるべきか」『狂気について』）。

制裁という言葉は穏やかではないが、人間的な制裁と渡辺がいうのは、例えば、交差点の通行を円滑にする交通規則である。交通規則を守らない人に用いる制裁は暴力ではない。交通規則が守られなければ事故が起きるのは明らかなので、秩序を維持するために規則の違反者に制裁が必要であるのは明らかである。

国の法律は本来暴力的なものではないはずである。ただし、それが真に秩序を形成するために有用なものでなければ、人間的ではなく暴力的なものになる。有用でない法律であれば、そのような法律を守らない、あるいは、守れないことがあったとしても、それは秩序を乱すことにはならない。そのような人に加えられる制裁は暴力的である。

渡辺は、既成秩序の維持にあたる人は、その秩序から安寧と福祉を与えられているが、自らが恩恵を受けている秩序が永劫に正しいかを深く考え、「秩序を紊《みだ》す人々のなかには、既成秩序の欠陥を人一倍深く感じたり、その欠陥の犠牲になって苦しんでいる人々がいることを、十分に弁《わきま》える義務を持つべきだろう」（前掲書）

といっている。

その秩序に欠陥があると考える人を排除するのではなく、そのような人がいることが、法律によって維持しようとしている秩序が正しいかどうか、常に問わなければならない。「既成秩序の欠陥を人一倍深く感じたり、その欠陥の犠牲になって苦しんでいる人々」だけの問題ではない。誰か一人でも秩序の欠陥の犠牲になって苦しんでいる人がいれば、それは皆の問題である。

この原稿を書いている時に起きていることを例にあげると、マイナンバーカードを作るかどうかは任意のはずだったのに、国民に持たせようとする政府はカードを保険証と一体化させ、保険証を廃止しよう、他のものでは本人確認をできなくしようとしている。これが人間的な制裁であるはずはない。

マイナンバーカードによって作り出そうとされている管理社会の秩序に欠陥があると考え、カードを作ろうとしない人は、秩序を乱そうとしているのではない。

■不寛容な人に対して、寛容であるべきか

人間の恣意《しい》を制限し、「社会全体の調和と進行」（前掲書）を求める規則や法律は本来的には秩序を形成するために有用なはずだが、暴力的に感じられるのは、法律の遵守《じゅんしゅ》を要求する人の無反省、傲慢、機械性のためであると渡辺はいう。渡辺は法律を盾に弱いものをいじめる人、交差点で怒鳴りつける警官を例にあげているが、今の時代は政治家が少しも理性的でなく、多くの国民からの反対に耳を傾けようとはせず、「秩序の必要を納得できない」法律を押しつけている。

渡辺の論稿「寛容は自らを守るために不寛容に対して不寛容になるべきか」ではもっぱら個人間の寛容、不寛容が扱われているが、渡辺のこの問いへの答えは簡単で、「寛容は自らを守るために不寛容に対して不寛容たるべきでない」である。

既成秩序に欠陥があるのであれば、それに従わない人は不寛容とはいえない。むしろ、人間的でない制裁によって秩序を押しつけようとする人が不寛容である。そのような人（政治の場では政権）にどう対峙するのか。不寛容であるべきでないのなら、説得を試みるしかない。

不寛容と寛容が相対峙した時、何ができるだろうか。寛容は常に無力であり敗れ去るものであるが、それはジャングルの中で人間が猛獣に襲われるようなものである。しかし、猛獣を説得することはできないが、不寛容な人に対しては、説得のチャンスは皆無ではない。そこに「若干の光明」（前掲書）がある。

とはいえ、説得は難しい。渡辺は、寛容と不寛容との問題は「理性とか知性とか人間性とかいうものを、お互いに想定できる人間同士の間のこと」であり、「普通人間の場に置いて、まず考えられなければならない」（前掲書）といっている。

政治家の中に理性的な「普通人間」もいるはずだ。だから、諦めてはいけない。説得は難しいが、その前に政治家の考えを無批判に受け入れてはいけない。無論、すべてが間違っているわけではないが、政治家と簡単につながらない覚悟が必要である。

■真の秩序の成就

イエスは先に見たように地上に平和をもたらすためではなく、剣を投じるためにやってきたというのだが、他方、イエスは次のようにもいっている。

「私が律法や預言者を廃するためにきたと思ってはならない。廃するためではなく、成就するためにきたのである。よくいっておく。天と地が滅び行くまでは、律法の一点、一画も消え去ることはなく、ことごとく成就されるのである」（『マタイによる福音書』）

人と人とに剣を投じるためにきたとイエスはいっているが、人と人とを敵対させるという意味ではない。しかし、親子関係でいえば、子どもが親に従うことが当然ではないと気づいたら関係がギクシャクすることはありうる。

他方、イエスが律法を廃するためではなく成就するためにきたといっているのは、本当の律法、あるいは、律法の精神が成就されるためにきたということである。ユダヤ教では律法の掟を守ることが重視されるが、イエスの時代、既に形骸化《けいがいか》してしまっていた。

人と人とのつながりも、例えば、親子だからといってよい関係であるわけではない。親は子どもを愛するものであると考えると、親が子どもを、また、子どもが親を愛せない時に人を苦しめることになる。あるいは、子どもが親に反抗も反発もしておらず一見よい関係が築けているように見えても、親も子どももよい関係だと思い込んでいるだけのこともある。

親が子どもに反抗させるようなことをいわなければ、子どもは反抗しない。反抗期は誰にでもあると考える人は多いが、反抗期というものはなく、反抗させる親がいるだけである。しかし、子どもが反抗しても仕方ないと思えるような理不尽なことを親がいっているのに、子どもが反発しないで親を受け入れているとすれば問題である。そのような場合は、子どもが親の理不尽な言動に反発する方がいいのである。さもなければ、親に逆らわなかった子どもが親になった時に、自分が親からいわれたりされたりしたことを子どもにすることがあるからである。

親から虐待を受けて育った子どもに、あなたの親はひどい親だというようなことをいえば、そんなことはない、あの親はいい親だと反駁《はんばく》されることがあることは先にも言及した。親は自分が親から愛されて育ったと思いたいので、子どもを虐待することがある。もしも私が子どもを虐待していても子どもを愛せるのなら、親も私を虐待していたけれども私を愛していたと確認したいからである。かくて、虐待は連鎖していく。

親子関係だけでなく職場においても、たった一人でもそれは違うのではないかという人がいれば、その人によって剣を投じられた共同体の一体感、連帯感は失われるかもしれない。しかし、一体感、連帯感が失われることは、真のつながり、真の秩序が作られるための出発点である。だからこそ、無自覚的に築かれてきた関係を見直さなければならない。それがイエスのいう「剣を投じる」ということ、関係を「分かつ」ということの意味である。

第5章
依存と支配

■依存と支配以外の関係

親子として生まれ合わせただけでは、真のつながりにならないので、この関係に「剣を投じる」必要がある。真のつながりを形成するためには、他者、具体的には、子どもや生徒、また同僚や部下とどのような関係を築けばいいかというのが次の話である。どのような関係を築くべきかを理解していなければ、関係を変えることはできない。

対人関係のあり方について特に意識していなければ、対人関係は依存か支配のどちらかである。他者に依存したい人を支配するのは容易である。この依存と支配の関係は縦関係である。大人が子どもを、上司が部下を叱りつける時、その関係は縦関係である。何らかの意味で相手を自分よりも下に見ているから叱れるのである。部下が上司を頭ごなしに叱りつけることはないだろう。

ほめるのも、相手を下に見ているからである。ほめるのは評価することだが、客観的で公平な評価というよりは、相手の無能力を前提にしている。つまり、できないと思っていたのにできたと驚いてみせるのである。だから、ほめられても縦関係の下に置かれることを嬉しく思えない。

依存と支配以外の関係はないのだろうか。それは縦関係でなく横の関係、自立した対等の関係である。依存と支配以外の関係を知らない人が自立した対等の関係がどういうものかを理解するのは難しい。それがどのような関係で、どう築けばいいのかを考えてみよう。

■独立した人格になるということ

対人関係の中で自分が下に置かれることは多くの人が経験する。親との関係で下に置かれることがいやだったはずの人が、大人になると下に置かれることをむしろ望むことがある。

既に見てきたように、命令する人に従うと責任を取らなくてよいからである。上司がいうことが間違っていても、上司の不正を見ても、何もいわなくなる。いいたいこと、いうべきことをいえなくなる。真のつながりを形成するためにできることを対人関係の観点で見れば、自分の言動に責任を取る覚悟が必要である。

上下関係で人との関係を見てしまうというのは、多くの人にとって慣わしのようなものである。ソン・ウォンピョンの『三十の反撃』という小説に、カルチャー・センターの話が出てくる。講師は前の席にすわり、聴講者は講師に対面して反対側の席にすわるが、前の席にすわると、自分が上だ、偉くなったと勘違いする人がいるという指摘をしている人が登場する。

セウォル号事件の後に韓国の作家などの知識人たちが書いた『目の眩んだ者たちの国家』で、ペ・ミョンフンが、質問に答える立場にいる人が、場所を変えて質問する人の席にすわる瞬間、世の中は崩壊すると書いている（「誰が答えるのか？」）。

日本では本来答えなければならない人が答えない。「答えは控えさせていただきます」というようなことを平気でいう。そうすることが「上」にいる者には許されていると思うのだろう。質問する記者も許してしまう。

話を戻すと、どこにすわるかということで自分が上なのか下なのかということを考えるぐらい上下関係という発想から抜け出せない人は多い。先に、校門で子どもを待ち受けていた母親の姿を見た子どもに親がどう対応するかを見た。親が自分のことが好きかと問うた時に、子どもが、お母さんのことが好きではないといっているのに、母親が子どもは母親が好きであるという属性を付与したという話である。

この時の反応は子どもによっても、親によっても違う。「大好き」と答える子どもはいるだろうが、皆がそう答えるわけではない。好きではないと子どもにいわれたら母親は受け入れられない。子どもが口もきかないと、親は子どもが何を考えているかわからなくなる。

何を考えているかわからなくても、子どもは親を幼い時のようには好きではないという事実を受け入れるしかない。子どもの教育、子育ての目標は自立である。だから、どんな仕方であっても、子どもが親から離れていくことになったとしたら、それは教育が成功したということである。

子どもがそんなふうに自分から離れていき、そのことを親が寂しい、あるいは悲しいと思ったとしても、その感情は親が自分で何とかしなければならない課題なので、子どもに解決させることはできない。あなたがそんなふうにいうとお母さんは寂しいからと、大好きだといわせ、自分が解決するしかないことを子どもに解決させることはできないのである。

子どもは親の属性化を受け入れる必要はない。レインが例にあげている子どもは、学校に迎えにきた母親が抱きしめようと腕を開いたが、少し離れて立っていた。それを見た母親はいう。

「あなたは私が好きではないの」

「うん」

母親は子どもを平手で叩く。ひどい対応だと思う人は多いかもしれないが、子どもは叩かれた瞬間、親による属性化から免れ、親に好きではないということで親から分離した「他者」になった。つまり、親と子どもの間には隔たりができ、子どもは独立した人格になったのである。

それまで親は子どもを属性化し、あなたは従順な子どもだとか、あなたは優しい子どもだとかいっていたかもしれないが、子どもが親の属性化を拒んだ時、親はそれを受け入れることができず、思わず子どもを叩いてしまった。その時、子どもは親の属性付与から脱却できたのである。

親の属性化を受け入れなければ、親との一体感がなくなり孤独になるかもしれないが、親から自立し、自由を手にするためにはこれは必要な手続きである。

子ども、孫、あるいは職場の若い人たちが親や祖父母、上司に反抗的になったとしたら、つまり、何でもいうことを聞くのではなく、自分の意見をいうようになったとしたら、自分と分離した存在になったということであって、そのことは喜ぶべきことである。

■思い通りに動かされない

職場でも同じことが起きる。何をいっても反対しないイエスパーソンは、幼い子どものように自分から分離した存在ではないので、そういう意味で上司に依存した存在になってしまっている。部下が上司のいうことを批判しないで受け入れているとしたら、喜ぶべきことではない。もしも自分のまわりを見回して、イエスパーソンしかいないとすれば、自分の理想を部下に押しつけ、部下がその理想に従って働いているということである。そこには真に有能な部下はいない。

上司は部下が従順で何でも自分の指示した通りに動いてほしいと思うかもしれない。しかし、部下が自分に反対しないで従順に行動するとすれば、むしろその方が注意が必要である。部下が思い通りにならないのであれば、むしろ、その方が望ましい。なぜそういえるのか。

上司が「この部下は自分の指示に従う有能な部下である」という属性付与をする。有能であるといわれることを喜ぶ部下はいるだろう。しかし、実際に有能でないのに、有能であるという属性化をされるとプレッシャーになる部下もいる。そこで、せめて上司の指示に従うことで気に入られようとする。

しかし、真に有能な部下であれば、常に上司の指示に従うわけではない。上司に従わないのは能力があることの証左であり、上司の指示が誤っていれば上司に従わない。そのような部下を有能とは見なしたくない上司がいる。部下が有能であれば、自分が無能であることが露わになるかもしれないからである。

イエスパーソンになってはいけない。上司から見れば、何でもいいなりになる部下と違って、自分を主張する部下は時に厄介だが、部下が上司を超えていくよう指導するのが上司の仕事である。

■従順であることに気づく

先にフロムが権威を合理的なものと非合理的なものに分けていることを見たが、一番問題なのは、自分が非合理な権威に服従していることを自覚していない人である。非合理な権威を持っている人に服従しようとしていることが自覚できていなければ、服従をやめることはできない。

フロムはナチスによるユダヤ人大虐殺の責任者であるアドルフ・アイヒマンを例にあげている。彼は典型的な組織人であり、男性、女性、子どもをただの番号として扱える疎外された官僚の象徴であるとフロムは評している。彼は自分がしたことを語った後も、自分が何をしたかということをおそらく自覚していなかったのだろう。そのため、自分は無罪であると固く信じていた。

フロムは次のようにいっている。

「もしも彼が同じ状況に置かれれば、同じことをまたするであろうことは明らかだ――そして、私たちも」（*On Disobedience*）

彼はまったく反省しておらず、自分は無罪だと思っているので、同じことをまたするであろう。我々もまた同じような状況に置かれている。

つまり、上司からいわれたことを批判せずに受け入れ、それを自分の仕事だと考えて実行する。そういう組織人としての立場に疑いを抱かなければ、アイヒマンと同じことをするであろう。

このような主張をしたフロムは批判された。我々も同じようなことをするかもしれないというと、批判の焦点が曖昧になり、罪を犯した人をある意味で許してしまい、責任を曖昧にすることになるという批判を受けたのである。

しかし、他者を断罪しても問題は解決しない。特別な人がした行為ではなく、誰もが同じ状況に置かれたら、同じようなことをする可能性があると考えなければ、再発を防止するために何ができるかを考えることができず、同じことが起こるだろう。

問題を他人事だと思ってはいけない。自分はアイヒマンがしたようなことは決してしないと言い切らないということである。不服従の勇気を失い、良心を痛めない組織人は、アイヒマンだけではない。

■不服従の勇気を持つ

大学生が過食症を主訴としてカウンセリングにやってきたことがある。ある日、その学生が前の年に十日間大学に行けなかったことを思い出すと、いやな気持ちになると話した。

大学生が十日間休むことがそれほど大きな問題なのかと思ったが、その理由をたずねると、彼女は学校に行きたくなかったが、親が学費を払っているのだから、子どもが学校を休むことは許されないと母親が学校に行くよう命じたのだという。

カウンセリングにくる若い人たちは、子どもの頃から親に口答えをしたことがないという人が多い。親に学校に行けといわれても、行かないといえるはずだが、その学生は親がいうこともっともだと思った。そこで、家を出たけれども学校には行けず、学校と家との中間地点にある公園や喫茶店で過ごし、夕方何ごともなかったように家に帰った。そんな日が十日も続いた。でも、その時のことを思い出すといやな気持ちになる。そういってため息をついた。

学校に行かなければ講義を受けられず、そのため、試験でいい成績が取れず単位を落とすかもしれない。だから、学校に行かなくていいとは私は考えないが、学校に行くか行かないかは自分で決めることである。

学校に行くか行かないかも自分で決められないようであれば、就職を始めとしてこれからの人生をどう生きるかも自分で決められない。何もかも親に決められたら、自分の人生なのに親の人生を生きることになるがそれでいいのか。そんな話を私はその学生にした。

学生は、親に許可を求めなくても、自分で決めてもいいこと、決めなければならないことがあるのに気づいた。こんなことはもっと早い時期に知るべきであると思うが、まわりの大人の影響があまりに強すぎて、従うことに慣れてしまっていたため、自分で決めることなど思いもよらなかったのだろう。

こうして、親に依存し、親の言いなりになっていたことに気づいたその学生は、少しずつ自立していき、親の顔色をうかがわずに自分で決められるようになった。この自立するということが、依存支配関係から脱却するために必要である。

フロムは disobedience という言葉を使っているが、不服従の勇気を持たなければならない。不服従は必ずしも反抗を意味しない。親の言葉であってもそのまま受け入れる必要はない。子どもが従順であれば、波風は立たずよい親子関係に見えるが、いつも必ず親のいうことに従わなければならないわけではない。

ある親は大学の偏差値を調べ、子どもを自分が望む大学に行かせようとした。常は何もいわない高校生の娘は「私の人生だから私に決めさせてほしい」といった。親のいうがままに従うと思っていた親は娘の言葉を聞いてたじろいだ。

さらに、こうもいった。

「もしもお父さんが行ってほしい大学に入って、四年後にこんな大学に行かなければよかったと私が思ったら、その時、お父さんは私に一生恨まれることになりますが、それでもいいですか」

もしも子どもが親の勧める人生を生きたとしたら、子どもには親に従ったという責任があるので、本当はこんなふうにいって親に責任を転嫁できるわけではない。しかし、親に従わず自分で決めると、自分の人生を生きることに伴う責任を取らなければならない。

親のいう通りに生きる子どもは優しいのではない。自分の人生を生きることの責任を取りたくないのである。

■過食症にならなくてもよかった

大学に行けなくなった学生の主訴は過食症だった。アドラーは神経症は心の中の病気というよりは、「相手役」がいる、つまり誰かに向けられたものであり、その相手役との関係の中で症状が必要だと考える。症状はその意味で必要なので、症状だけを除去してしまうと、「神経症者は、驚くべき速やかさで症状をなくし、一瞬の躊躇もなしに、新しい症状を身につける」（『人生の意味の心理学』）とアドラーはいっている。

そこで、彼女を取り巻く対人関係に焦点を当てて話を聞いていたら、はたして母親の話が出てきた。過食症の目的は何だったのか。他のことであれば彼女はどんなことでも親のいうことを聞いていた。実際、学校を休んではいけない、学校に行くようにといわれた時、学校には行かなかったが、親にいわれた通り家を出た。しかし、本当は親の言いなりにはなりたくなかった。そこで、親といえどもこの私の体重だけはコントロールさせまい、そう考えて、過食症になったのである。

しかし、子どもは学校を休むことを親に反対されたからといって、過食症になる必要はない。若い人の話を聞いていていつも気の毒に思うのは、親に反発するために、自分だけが不利益になったり（学校に行かなければ困るのは本人である）、自分の身体を痛めつけたりすることである。このような仕方で親に反発する子どもは、なお親に依存している。親は子どもの様子を見て心配にならないはずはない。もうあなたの好きに生きなさいと親にいってほしいのかもしれないが、それなら自分がどう生きるかは自分で決めればいいだけであり、親の気持ちを揺さぶる必要はない。

彼女はどうすればよかったのだろうか。親にはっきりと「今日は学校に行かない」といえばよかったのである。もちろん、親は子どもに休んではいけないといい、子どもが自分のいうことを聞かないことに驚き怒るかもしれないが、それは親が自分で何とかするしかない。

第6章

孤独を恐れない

■理性で判断する

従順な子どもにとっては、親が権威である。教師がフロムのいう意味で合理的権威であっても、生徒や学生が教師のいうことに何らの疑問も持たなければ、教師の権威は非合理的な権威になる。権威に服従しないために何が必要か。フロムは次のようにいっている。

「理性は関係づけと自己感覚が必要である。もしも私が印象や思考や意見の受動的な受け手に過ぎなければ、それらを比較したり操作したりすることはできても、見抜くことはできない」（*The Sane Society*）

フロムのいう「受動的な受け手」をアドラーは reactor（反応者）であるといっている。人は外から刺激を受ける、あるいは、外で起きた出来事を受け止め、それに反応する。このように考える人は多いが、人はただ外にあるものを受け止めるだけの受動的な存在ではなく、actor である。これを「行為者」と訳すと、reactor にも actor という言葉が含まれていることがわからなくなるが、人間は外からの印象を受動的に受け入れる反応者ではなく、それを受け止めどう行為するかを決められるのである。

フロムは reason という言葉を使っているが、人は外からの印象を理性で受け止めて、それが何であり、真理かどうかを判別、判断する。外からの印象を受け止めるだけではない。理性によって他者の考えや常識が真理なのかを判断できない限り、人は権威に服従することになる。

依存的になると、自分では何も判断できなくなってしまう。表面にあるものを発見するだけではなくて、奥の方まで貫いて（penetrate）いかないといけないとフロムはいう。そうすることで、物事の本質や核心が見て取れるのである。

■「私」であること

続けて、フロムは、私が「私」である時にだけ理性を使うことができるといっている。「デカルトは、個人としての私の存在を、私が考えるという事実から推論した。彼は論じた。『我疑う。ゆえに我思う。我思う。ゆえに我あり』と。この逆も真である。もしも私が私であり、私が『それ』の中で私の個性を失っていない時にだけ、私は考えることができる、つまり、私の理性を使うことができる」（前掲書）

私が「私」であり、そして私が「それ」の中で私の個性を失っていない時にだけ、私は考えることができる。「それ」は前に出てきた、世間あるいは常識である。一般的な人の中で個性を失っていない時、私は考えることができる。大人は子どもを依存的にし、その結果、大人になっても多くの人が「それ」の中に埋没し、個性を失ってしまっているのである。

子どもたちが個性的であることを望まない親がいる。子どもが中学校を卒業したらすぐに働くと言い出せば、親は躍起《やっき》になって翻意《ほんい》させようとする。世間一般の人が歩んでいる人生であれば、大きな失敗をすることなく、人並みに生きていけるだろうと考えるのである。大人のいうことに納得してしまった子どもは、もはや「私」ではなく、「ひと」になる。

そのような教育を受けてしまった人は、意見を持つことはあるが、確信できない。楽しい時間を過ごすが不幸だとフロムはいう。さらに、フロムはいう。非人格的なアノニム（無名）な権威のために自分や子どもたちの生命を進んで犠牲にし、水爆戦争の論議で行われたような死亡者の算定を容認する。国の半分の人が殺される――これは十分受け入れることができる。三分の二が殺される。たぶん、もはや受け入れられない――。

このような議論をする人は、人間をものとしてしか見ていない。自分が殺されることになるとは思っていない。人間を個人として見ていたら、このような算定をすることは、倫理的、道義的にできないはずである。

人を個人、人格として見ることができない人は、アイヒマンと同じ立場に置かれたらアイヒマンと同じことをするかもしれない。自分を卑下し権威に従ってしまう人は、自分がただの「ひと」、ものであり番号であると見なされることを容認している。

自分はアイヒマンのようなことは決してしないと思っている人でも、コロナ禍において、人をものとして見なしてきた。全国で毎日多くの人が亡くなっているが、死亡者数しか見ない人は、一人の人が亡くなるということがどれほど大変なことかをわかっていないのではないかと思う。家族の誰かが亡くなると、残された家族の人生は大きく変わらざるをえない。

ところが、感染者数や死亡者数だけにしか注目せず、やがて何も感じなくなる。このようなことになるのは、教育の問題もあるが、知らない間に世間の価値観にいわば洗脳されたからでもある。ある経済学者が、日本の高齢化問題を解決するためには、高齢者は自決するべきだという意味の発言をした。発言者も、同意した人も自分を棚上げにしているのだろう。自分もまた老いるとは思っていない。人間を人格として見ていないことが問題だが、後に見るように高齢者を生産性の観点から有用でないと見なしていることに私は驚かないわけにいかなかった。

このように、世間の価値観を無批判に受け入れてしまうと、私は「私」でなくなり、他者も「個人」ではなくなり、「もの」としか見られなくなる。

このようなことが起こらないようにするには、早い時期から自分で判断できる力を身につけなければならない。理性的に物事を考えられるようにしていくことが大人の責任だが、そもそも、多くの大人が理性的に考えることができていない。そのため、人生で成功しなければならないとか、生産性に価値を見るというような価値観を肯定し、子どもにそれを無批判に受け入れさせてしまっているのだが、たとえ多くの人が認める考え方であっても、立ち止まって考えられるようにならなければならない。

高齢者は今の社会には不要であるというような考えをその通りだと受け入れる人も存外多いかもしれないと思うと、暗澹《あんたん》たる思いがする。

■権威に背く勇気

「組織人」として生きていく時に、権威に従わないことは難しい。権威に服従している限り安全であると感じるからである。服従する権威が何であるかは問題にならない。

権威に従うと自分が偉くなったような、あるいは、強くなったような錯覚に陥る人もいるかもしれない。政治家と親交があることを自慢するような人は、自分には価値がないことを公言しているようなものである。

フロムは、アイヒマンは我々すべての象徴で、自分の中にアイヒマンを見ることができるといっている。上司の言動がおかしいと思っても何もいえない人は、アイヒマン的なものを自分の内に持っているのである。

今の時代、あまりに理不尽なことが次々と起きるが、それは理不尽なことをする人だけの問題ではない。権威に従ってしまう人だけが生きられるような社会を作り出すことに、何らかの仕方で加担しているのではないかと考えるべきである。

権威者が決定するから自分が誤ることはないと思う人がいる。権威が見守ってくれるから、孤独になるはずがない。権力が許すので罪を犯すはずはないとさえ思い込んでいる。だから、指示されたことは不正ではないか、それが自分に不利益をもたらすのではないか、そんなことをしたら処罰されるのではないかと思っても、いや、大丈夫だ、権威に従っている限り、そんなことはないと考えて権力に従っている人が、今の世の中で得をする場合がある。

虚偽の発言をした人が、一時的に評判を落としても後に昇進することはたしかにあるが、そういう人が本当に得をしたかというとそうではない。得をしたように見えるかもしれないが、権威者の本当の狙いは搾取である。自分に必要なものを奪い取ろうとする意図が根底にある。実際、不正が発覚した時に、上司は部下が勝手にやったというようなことを平気でいう。

このようなことを見聞きすれば、上司に従おうとしなくなるのではないかと思うのだが、それでも、何か問題が発覚した時、上司に背こうとしない人がいる。誰かに命じられたことをやっている限りは、職場で孤立することはないと考えるのである。

職場で何か不正があった時に、それは違うのではないかといったら、たちまち職場の秩序や和が乱れ、上司はもとより同僚からもよく思われない。その上、仕事を失うかもしれないと恐れる。そのようになることを恐れた人は何もいわない。上司によく思われないと出世に障ると思った人は、上司の不正をあえて見逃してしまうのである。

フロムは次のようにいっている。

「人間は、自分の理性によって判断したり決心したりしなければならない時には孤独でなければならない」(*Man for Himself*)

三木清も次のようにいっている。

「すべての人間の悪は孤独であることができないところから生ずる」(『人生論ノート』)

職場の不正を告発するというようなことをすると、職場全体にとって不利益になり、さらには、自分が上司を含めて他の人によく思われなくなると恐れ、いうべきことをいわなくなれば悪が跋扈《ばっこ》する。しかし、大事なことは、理性で判断することであって、自分が上司も含めて他の人にどう思われるかということではない。

■孤立はしても、孤独になることはない

これはおかしいのではないかという判断をした人は、職場で孤立するかもしれない。しかし、孤立することになっても、孤独にはならない。アドラーの言葉を使うと、支持する「仲間」がいるからである。

この「仲間」というのはドイツ語ではMitmenschen、人と人が結びついているということである。そのような状態にあることをアドラーはMitmenschlichkeit、「人と人とが結びついている状態」「共同体感覚」といっていることは前に見た。人は一人では生きていけない。他の人が自分の敵ではなくて、必要があれば自分を援助してくれる人だと思えることが、アドラーがいう「共同体感覚」である。

まわりは自分を不利な目に遭わせる自分と対立する敵ばかりだと思ってしまうと、他者に貢献しようとは思えない。貢献感を持てればこそ自分に価値があると思え、対人関係の中に

入っていこうと思える。幸福も生きる喜びも対人関係の中でしか感じることはできないのである。

まわりに（必ずしも職場だけでなく）自分を支持する仲間がいると思えれば、孤独にはならない。ＳＮＳで発言すると叩く人は多いが、賛同する人も多い。自分を支持する仲間がいると思える人は、他者を信頼でき、孤立することになったとしても、それは一時的なもの、あるいは表面的なことにすぎないと思える。孤独を恐れないことが、「私」を失わないために必要である。

■すべてを疑い目を見開く

このように権威に依存、服従しないで不正があれば指摘できるようになるためには、理性的にならなければならない。

また、すべてを疑わなければならない。これはフロムのモットーである。フロムは、第一次世界大戦を経験した後に、すべてを疑わなければならないと自分に言い聞かせた。自明なことは何一つない。あらゆることを疑わなければならない。「疑う」ことは、哲学の出発点である。

多くの人が正しいと思っていることであっても、本当にそうなのかと疑う人がいなければどうなるだろうか。フロムはこんなことをいっている。疑い、批判し、従わない能力が、人類の未来か、あるいは文明の終焉を決めることになるかもしれない。今我々がこの歴史のこの時点で批判したり疑ったりしなければ、人類の未来はない。あるいは、文明は終わってしまう、と（*On Disobedience*）。

いつも目覚めていることも必要である。多くの人は目を開けているようで、実際には寝ているのである。自分が置かれている状況を把握できていない。預言者とはもともと旧約聖書の預言者を指すが、預言者はいろいろな国や時代に現れたとフロムはいっている。預言というのは、先に起こることを予《あらかじ》めいうという意味ではなくて、神の言葉を預かるという意味である。預言者は今のままだったらこうなるという神の言葉を人々に伝えるが、それが実現することを神が望んでいるわけではない。

フロムはソクラテスも預言者であるといっている（前掲書）。ソクラテスは、紀元前五世紀のアテナイで青年たちを相手に対話した。彼はあらゆることを疑った。

デルポイのアポロンの神託を受けに行った人がいる。ソクラテスが知らない間にである。その神託は「ソクラテスよりも賢い人はいない」というものだった。ソクラテスはそれを聞いて困惑した。自分は何も知らないのに、なぜ神はそんなことをいうのか、と。

そこで、ソクラテスは神がいっていることは間違いであることを明らかにするために、知者と呼ばれている人たちのところを「遍歴」した（プラトン『ソクラテスの弁明』）。彼らと問答をした結果明らかになったのは、彼らは知者と呼ばれているけれども、何も知らない、彼らは知者ではないということである。

ソクラテスはこう考えた。私もたしかに彼らと同じように何も知らない。その意味で、無知である。しかし、私は彼らと違って、何も知らないということを知っているという、そのわずかな点で、知者と呼ばれる人よりも知がある、と。これを「無知の知」という。

ソクラテスは、「知者」ではなくて「愛知者」、知を愛する人であり、これが哲学者のもとの意味である。知者ではなく、知を愛する人、知を求める人、知らないことを知ろうとする人。そういう人が哲学者、愛知者である。この愛知の出発点が何も知らないという自覚である。

愛知者は無知者ではない。しかし、知者でもない。愛知者は無知者と知者の中間に位置する。何も知らない人は探求しようと思わない。知者も探求しない。既に知っているからだ。愛知者は、知者と思われている人がいったことでも鵜呑みにしない。私は何も知らない、でも知りたいと思う愛知者だけが知を探求する。

ソクラテスは、自分は動物の体につきまとって刺す虻《あぶ》のような存在であるという。眠っている人にとって虻は煩《わずら》わしい。虻に刺されたら眠れない。ソクラテスだけでなく、誰もが本当なのかと疑って、それは違うのではないかといえなければならない。

そういうことをいう人はうっとうしがられるだろう。ソクラテスはどうなったか。裁判に訴えられた。国家が信じる神を信仰していないという表向きの理由はあったが、青年に害悪を与えたというのが訴訟の本当の理由だった。若い人たちもソクラテスがしたように知者と思われている人と対話をし、彼らが実際は知者でないことを暴いた。

一体、誰に影響されたのか。それがソクラテスであることがわかった時、ソクラテスは裁判にかけられ、有罪判決を受けた。自分がしたことは正しいことだったと裁判官たちの前で演説をした。裁判官の怒りを買って、ソクラテスは処刑された。

預言者は、目覚めている人である。我々も目覚めていたい。傾いた部屋にいる人は、自分が傾いた部屋で生活していることに気がつかない。預言者になるためには、他の人と同じ地平に立っていてはいけない。同じ地平に立っていては、今世の中に何が起こっているかが見えない。だから、絶えず目を覚まし、あらゆることを疑わなければならない。

■良心の声を聞く

不正を見逃さず、不正に屈しないためには、良心の声を聞くことも必要である。ヒューマニスト、人間主義者であるフロムは、ヒューマニティ（humanity）という言葉を内なるhumanityと外なるhumanityに区別して使っている。内なるhumanityというのは、「理性」と「良心」、つまり、「自分自身」であり、それに対して、外なるhumanityというのは「人類」のことである。

孤独にならなければならないと先に書いたが、上司の不正を告発するなどして職場で孤立することがあっても、より広い共同体の中では孤独にならない。

人類（humanity）に所属する人間の内にあるhumanityである理性と良心によって、何が正義かを判断できる人は職場にもいる。そして、その職場という共同体を超えたより大きな共同体には、さらに多くの人がいる。その人たちが連帯していると感じられたら、孤独ではなくなる。自分が決して孤独ではなく、他の人と連帯していると感じられることをアドラーは共同体感覚という。

問題は良心の声が小さいことである。大きな他人の声には耳を傾けるが、自分の内なる声には耳を傾けようとしない。人の声というのは、文字通りの声だけではない。あらゆるところから押し寄せる意見や考えに晒されている。今の時代であれば、ＳＮＳ、新聞、雑誌、テレビ、ラジオ、誰かとのお喋りなど外にはたくさんの声が溢れている。大きな声は否《いや》が応《おう》でも届く。

しかし、大きな声にばかり耳を傾けていると、フロムのいう匿名の権威に支配されてしまう。自分の考えだと思っていても、実際は自分で考えたわけではない。それなのに、他の多くの人がいっていることが自分の考えだと思い込んでしまう。ＳＮＳでは、誤情報であろうと虚偽の内容であろうと、何も考えずに転送する人が多い。後から訂正されたメッセージはほとんど読まれることはなく、一度流れてしまったら取り返しがつかなくなる。

だからこそ、良心の声に耳を傾けなければならない。そのためには、孤独でなければならない。多くの人から離れないといけないこともある。フロムは次のようにいっている。

「自分自身に耳を傾けるのが難しいのは、この〔良心の声を聞く〕技術が現代人にはほとんどないもう一つの能力、即ち、自分一人でいるという能力を必要とするからである」（*Man for Himself*）

先にも見たが、孤立することになっても孤独にならないのは、人類との連帯は決して解かれることはないからである。自分は決して一人ではなく、他者とのつながりの中に生きていると思える人は勇気を持てる。この勇気は、今の話の流れでは他者にノーといえる勇気であるが、人とのつながりの中に生きている、しかも理性と良心を持った人とつながっていると思えるには勇気が必要である。

この勇気を持てない人は多い。SNSで多くのフォロワーがいるインフルエンサーの中には、コアなファンがいることを知っているので、あえて誹謗中傷《ひぼうちゅうしょう》したり、逆張りの極端な発言をしているように見える人もいる。彼らは自信があるように見えるが、理性的で建設的な議論をすることでは認められないと思っている。だから、注目されるために極端な発言をするのである。それも、閉じられた共同体の中では、そのような発言でも必ず支持されるという確信があるからであり、実際、一定数の支持を得る。しかし、そのような閉じられた共同体の中だけで形成されるつながりは偽りのものである。

偽りのつながりの中で自分の優越性を誇示し、屈折した承認欲求を満たそうとする人は、インフルエンサーとしての価値を失う経験をしない限り、変わることは難しいかもしれない。しかし、声高な叫び声ではなく、良心の声に耳を傾け理性的に考える人こそが連帯しなければならない。

■真に怒る

不正はただ職場だけのことではない。今の世の中には、理不尽な出来事があまりに多い。それを日々見聞きして怒りを感じない人はいないだろう。

不正に目を瞑《つぶ》れば波風は立たない。しかし、「それは違う」と声をあげれば、共同体の一体感あるいは連帯感は失われる。不正に加担することを拒むと、摩擦が生じる。直接何かをするのでなくても、他の人が不正を行っているのに見て見ないふりをすれば不正に加担することになる。

このような摩擦が生じることを恐れたり、一体感が失われたことを責められたりしたくない人は黙ってしまう。黙っていれば、共同体の秩序は乱れず、自分が不利な状況に陥ることを回避できるかもしれない。しかし、その代わり、職場の不正も社会の悪も蔓延《はびこ》ることになる。

そこで、どのような不利益を被《こうむ》ることになろうとも、不正に対して声をあげ、その結果職場で孤立することになっても、真に怒る勇気を持たなければならない。

三木清は気分的な怒りは否定するが、不正への怒り、自尊心を傷つけられた時の怒りは認めている。「公憤」という言葉も三木は使っている。

「正義感がつねに外に現われるのは、公の場所を求めるためである。正義感は何よりも公憤である」(「正義感について」『三木清全集』第十五巻所収)

真に怒る人は孤独を恐れない。

「孤独の何であるかを知っている者のみが真に怒ることを知っている」(『人生論ノート』)

反対にいえば、真に怒ることができず不正に目を瞑る人は、孤独が何かを知らないということである。怒らなければ、他者とのつながりは維持できるかもしれないが、そのようなつながりは真のつながりとはいえない。真に怒る人は他者とのつながりが絶たれたとしても、それが孤独になることではないと知っているのである。

上司の言いなりになって上司の不正をかばっても、不正が発覚した時に部下が勝手にしたと、上司が部下に責任を転嫁することがあるのは先にも見た。上司を守るというよりは、自分を守るために不正を犯しても、その後責任を転嫁された時、初めて自分がしたことの無意味さに気づくのである。

孤独が何かを知っている人であれば、たとえ正義を貫き、その結果不利益を被ったとしても、失われるのは偽りのつながりであることを知っている。たとえ自分が所属する組織には自分を支持する人がいないとしても、必ずどこかに支持する人がいる。そのことを知っている人は孤独になることを恐れない。

「すべての人間の悪は孤独であることができないところから生ずる」（前掲書）

これは先にも引いた。偽りの結びつきが絶たれたとしても、そのために孤独になるとしても、真のつながりまでが絶たれることはない。

第7章

自分の人生を生きる

■他者の期待に応えない

先に見た、大学に行きたくないのに行くようにという親の命令を断れなかった大学生も、親だからといって断れなかったわけではない。断れば関係がギクシャクする可能性はある、しかも、親子であれば、その後も付き合っていかなければならない。そのことを恐れて親の言いなりになってしまうと、自分の人生を生きられなくなる。

親子関係だけでなく、職場の対人関係や友人との関係においても同様である。私の『嫌われる勇気』が出版されて以来「嫌われる勇気」という言葉が独り歩きしている感があるが、あえて嫌われることを勧めているのではなく、人の気持ちを考えすぎて、断ったら相手がいやな思いをするのではないかというようなことを考えて、本意でないことを心ならずも受け入れてしまう人に、嫌われることを恐れてはいけないといいたいのである。

子どもが親に対して理想的に従順であることをやめることが、親子関係を最終的によくするために必要である。

三木清は『人生論ノート』で、「我々の生活は期待の上になり立っている」といった後で、次のようにいっている。

「時には人々の期待に全く反して行動する勇気をもたねばならぬ。世間が期待する通りになろうとする人は遂に自分を発見しないでしまうことが多い」

自分の人生を生きようと決め、親の期待を裏切り、親との摩擦を経験する中で、人は初めて自分を見出すことができる。

子どもが親の期待を満たしている限り、親子関係は安定しているが、三木は、このような安定した関係を破壊するものとして、先にも見たように反抗を挙げているのである。

三木は他人に対して反抗する前に自分自身に対して反抗しなければならないという。自己を否定し、破壊し尽くした後に初めて、他人に何を始めるべきかを知るだろうといっている。

子どもの反抗は親に止められる。

「私は剛情な子供が我儘を押し通そうとしたとき、賢しい母親に妨げられそれがよくないことであることを諭されて自分で会得したとき、一時に母親の膝に泣き挫《くず》れる、その子供の無邪気なそして素直な心をもって大地に涙しながら私の高ぶり反《そむ》く心を挫《くず》さなければならない。そのとき私の片意地はあたかも地平線に群る入道雲が夕立雨に崩れてゆくように崩れてゆくであろう」（『語られざる哲学』）

この描写は、こうであればいいと三木が、そして多くの親が願う理想でしかない。私が自己主張、反抗を経て最終的に関係がよくなるという時、親の前で子どもが崩れていくような和解は起こらない。

子どもは自分が何をしているかを親に諭されなくても理解しているはずである。ただ、親に対して片意地を張っている。そのような子どもが母親に諭された時に「一時に母親の膝に泣き挫れる」ような無邪気で素直な心を持っているとは限らない。親に対して意地を張っている態度は親に諭されたからといって「入道雲が夕立雨に崩れてゆくように崩れてゆく」ことはない。

親や世間の期待するように生きている人は、他者からの「属性化」から自由になれていない。反対に、子どもが親に反抗するようなことがあれば、子どもは親の属性化から脱しようとしているということである。

子どもは親に反抗する必要すらない。親がいっていることが間違っていれば、ただ従わなければいい。「親がいうから従わない」というのはおかしい。親が正しいことを決していわないわけではないからである。

子どもが親に「勉強しなさい」と命じられて勉強するのは問題だが、親に命じられたから親に反発して勉強しないのも問題である。それでは、親に依存していることになるからである。親が「勉強しなさい」という、いわないにかかわりなく、勉強がおもしろければ勉強すればいいいだけである。

子どもの頃から親に叱られて育ってきた人は人の顔色をうかがうようになり、今何をしなければならないのか、自分自身で判断できなくなってしまう。叱られなくても、親の期待を満たすために生きていると、後になぜこんなことをしているのか迷った時に、自分では何も判断できない。皆がやっているから勉強するというのでは答えになっていない。

■期待に応えるために仕事をしない

若い人が職場で初めから力を発揮できることは少ない。すぐに成果を出せなければ職場から追い立てられるのなら、じっくり時間をかけて創造的な仕事をすることは難しい。

大学の教師も、毎年何本も論文を書き、学会で発表しなければならない。講義はもとより、会議を始め研究以外の仕事も多々あるので、じっくり研究に打ち込むことは難しい。

私が学生の時、三十年間、一本の論文も書いていないという教授がいると聞いて驚いたことがある。その話を今も覚えているのは、そのような人は他にはいなかったからだが、業績がなくてもすぐに大学を追われることがなければ、じっくりと研究に打ち込むことができるだろうとその時思ったことを覚えている。

そのようなことを許せば、仕事をしなくなる人が出てくるのではないかと会社や大学は恐れるのだろう。しかし、待つしかない。待つことには勇気がいる。成果を出せる保証はないからだ。

しかし、すぐに顕著な結果を出せなければ仕事を失うという状況では、研究者が論文を剽《ひょう》窃《せっ》するというようなことが起こる。これは学生が試験でカンニングをするのと同じである。このような人たちは結果さえ出せばいい、出さなければならないと考えて不正行為をするのだが、そうすることで研究者として認められたとしても、それ以降も優れた結果を出せないということが起きる。学生であれば、大学に入学できたとしても、勉強についていけなくなってしまう。企業でも同じことが起きる。

しかし、不正行為をするのは結果を出せないからだけではない。結果を出せないのならさらに研究するしかないが、剽窃してまでも成果を出そうとするのは、職を失う恐れがあるということにかてて くわえて、人からよく思われたいからである。優秀な子どもだという親の属性化に応えようとして生きてきた人は、学業を終えて仕事についてからも優秀であると認められたいのである。

人の期待に応えなければならないと思う人は自分にしか関心がない。自分の才能を人のために使おうとは思っていない。

成果はすぐに出せるわけではないので努力が必要である。自分がどう思われるかしか関心がない人は、最終的には力を発揮できないで終わるだろう。

■人からどう思われるかを気にしない

困っている人がいれば、それが誰であるとか、また、誰かからの強制だったり義務感からでもなく、ただ助けたいと思うから助けるのが、人と人との真のつながりのあり方である。

ところが、困っている人を見かけた時に、すぐに駆け寄らず、他の人からどう思われるかを気にする人がいる。電車の中で高齢の人が立っているのを見た時、ただ席を譲ればいいのに、そうすることをためらってしまう。席を譲られたくないと拒否されたらどうしようと考えているうちに、その人が電車から降りてしまい、席を譲る機会を逸してしまうこともある。

席を譲ろうとするとまだ席を譲られるような歳ではないと、怒り出す人がいるかもしれない。しかし、自分が席を譲りたいかだけを考えればいいのであり、その申し出を受け入れるかどうかは相手が決めることである。

相手が感謝して着席したら嬉しいだろう。しかし、席を譲る前にどう思われるかを気にし、相手から感謝してもらえそうな時だけ席を譲るというのはおかしい。

また、自分が人を助けている様子を他の人が見ているかとか、他の人が自分をどう評価するかを考える人もいる。そのような人は誰も見ていなければ、助けを必要とする人を助けようとしないかもしれない。

自分が席を譲ることが相手の助けになるかどうか。それだけが問題である。感謝されるかどうかや、その行為を他の人に賞賛されるかどうかは考える必要はない。

■自分でない自分になっても意味はない

今の時代は、あらゆる職種で明るく前向きであることが求められているように見える。就活中の若者も皆明るく振る舞うよう努めている。採用されるために常とは違う自分を演じてみても意味がないと私は思うが、採用を勝ち取るためには、無理に明るく振る舞おうとする人もいるだろう。

たとえ理不尽なクレームをぶつけられても、相手が顧客であればにこやかに対応しなければならない。どれほど不愉快に感じても、感じのよい応対をしなければならない。

こうして、フロムのいう「自分のもの」でない感情、感じのよいパーソナリティを演じていると、その感情が自分のものになり、何があってもにこやかに振る舞える人になる。それは本当の自分ではないはずだが、何が本当の自分かわからなくなってしまう。

三木清は虚栄心について、次のようにいっている。

「虚栄心というのは自分があるよりも以上のものであることを示そうとする人間的なパッションである。それは仮装に過ぎないかも知れない。けれども一生仮装し通した者において、その人の本性と仮性とを区別することは不可能に近いであろう」（『人生論ノート』）

親切な人、いい人を演じれば世間体がいいと考えて仮装を続けていると、他の人から見るとその人は親切な人、いい人になってしまう。人は対人関係の中で生きているので、その対人関係を離れて性格というものを考えることはできない。どう振る舞うかは誰の前にいるかによって変わる。

しかし、そうであっても、いつも人からどう思われるかということばかり気にかけていると、三木の言葉を使うと「本性」と「仮性」の区別がなくなってしまう。

また、職場で避けて通れない不快な事態のために内心イライラしていても、ニコニコと応対を続けていると、いつしかそれが本当の自分だと思い込んでしまうかもしれない。会社は個性を求めていないので、会社が求めている「人材」であることに疑問を感じた社員は、いつでも取り替え可能だと脅されるかもしれない。

自分は明るいと思っている人でも、その明るさは本来の性格ではなく、会社が求める人材になるために、明るい自分を演じようと決心しているだけかもしれない。

これは仕事の場面だけではない。どんな対人関係においても、協調性があり社交的、外交的であることが求められる。しかし、そのような人になるために個性は邪魔になる。一部の人とだけ親しくなるのではなく、どんな人とでも仲良くするためには、人に合わせる必要があるからである。

こうして、自分ではない自分を演じている人も、社会とのつながりを強制されている。わざわざ人とぶつかる必要はないし、人から嫌われようと思う必要もないが、自分が自分でなくなり、個性をなくしてまで仕事をする必要があるだろうか。

■他者に認められようと思わない

他者の期待に合わせて生きる人は、他者に認められようとして、他者に依存する。自分のしたいことがあっても人から気に入られたいので諦めてしまう。また、認められるとわかれば行動を起こすが、そうでなければ何もしない。認められるためなら行動するが、それが正しいとは限らないし、自分で判断できなくなってしまう。

他人から暗いといわれ、自分でもそうだと思っている人は多い。他人からの属性付与を受け入れたということである。そんな人に私は、あなたは自分が暗いというけれども、暗いのではないという話をよくしてきた。あなたは自分の言動が人にどう受け止められるかを常に意識しているので、少なくとも故意に人を傷つけることをしてこなかったのではないかと問うと、そうだという答えが返ってくる。故意に傷つけないというのは、自分ではそのつもりがなくても、人を傷つけることはあるからである。

続けて、私はこういった。人を傷つけないでおこうとするあなたは「暗い」のではない、「優しい」のだ、と。暗い自分は受け入れられなくても、優しい自分なら受け入れられる。そんな自分であれば好きになれる。これは、自分に価値があると思えるということである。自分は優しいと思えたら、対人関係の中に入っていく勇気を持てるが、見方を変えれば、対人関係の中に入っていかないために、他人からの「暗い」という属性付与を受け入れていたのである。対人関係の中に入っていこうとしなかったのは、人と関われば傷つくことがあるのを恐れてきたからである。自分を優しいと見れば、対人関係の中に入っていけるが、ただ自分についての見方を変えることが重要なのではなく、他者もまた故意に人を傷つける人ばかりでないことに気づいてほしいのである。

優しいという属性を付与されることで自分について違う見方ができるようになり、それまで自分の短所や欠点しか見ようとしてこなかった人が自分を受け入れ、自信を持てるようになる。

違う自分になったのではない。しかし、自分について違った見方ができるようになれば、事実上違う自分になったといっていいくらいである。

しかし、これも属性付与であり、評価であることに間違いない。評価は自分の価値や本質とは違う。評価が自分の価値を高めるわけではなく、低めるわけでもない。だから、カウンセラーも含め他の人が自分について思いもよらない肯定的な属性付与をした時でも、無批判に受け入れてはいけない。最終的には、自分で自分の価値を受け入れるしかない。しかし、それまで思ってもいなかった、他者からの自分に価値があると思える評価を一度受け入れる勇気を持ちたい。

■自分の人生を生きる

常識に従って生きている限り、悩むことはあまりないかもしれない。しかし、一度常識を疑い、何も考えずに人生の流れに身を任せるのをやめ、人生をどう生きていくのかを自分で考え始めたら、たちまちこれから先の人生が見えなくなる。

世の多くの人が選ぶ人生であれば、どんな人生を生きることになるかが大体想像できる。そのような人生を生きれば大きなリスクはないと思う。それまで自分で決めようとしなかったのは、先の人生が見えなくなるのが怖かったからであり、リスクを冒《おか》したくはなかったからだが、どんな人生を生きるかを自分で決めたのなら、何が起ころうと誰も自分の人生を代わりに生きてくれるわけではないのだから、自分で選んだ時に起きることの責任は自分が負うしかない。

自分の人生に責任を取ることを恐れて、多くの人と同じような人生を生きようとする人は多い。しかし、安全な人生を生きたいと思って、皆と同じような人生を生きれば、自分の人生を生きることはできないばかりか、安全なはずの人生を生きていても行き詰まることがあることを知っていなければならない。

入りたいと思っていた大学や会社に入れなかったなら、たちまち行き詰まることになる。若い人でも突然の病気で倒れることもある。そうなると、先の人生が見えなくなる。人生の行く手を遮《さえぎ》られるような経験をした時にどうするかも含めて、自分の人生は自分で責任を持たなければならない。

たとえ安全な人生を送れたとしても、それが幸福な人生であるとは限らない。親は自分の子どもには苦労させたくないと思って、安全な人生を選ばせようとするが、その親の意見を受け入れて自分の人生を生きなければ、他者に依存して生きていることになるからである。おそらくは、そのような人が依存的であるのは人生の選択だけではないだろう。

親が不安にならないために、皆と同じような人生を生きなければならない理由はない。親や他の人の期待を満たすために生きているわけではない。これからの人生のことを考えて不安になるのは自分であり、親が不安になるのはおかしい。

私が哲学を学ぼうと思ったのは高校生の時だったが、そのことを知った先生に翻意を促された。私はその先生の授業で古今東西の思想を学んでいた。先生は、哲学を学ぶとどんな生活上の苦労があるのかということを切々と説いた。後に私も教師になったが、もしも学生から哲学を専攻したいと相談を持ちかけられたら、私も手放しで勧めるとは思わないのだが、誰よりも哲学がどういう学問なのかを理解し、私の決断を喜ぶだろうと思っていた先生から反対されて困惑してしまった。

それでも、私は哲学志望を断念することはなかった。私の意思が揺るがないことを知った先生は、土曜日の放課後に個人的に哲学の授業をするといい、哲学研究に必要な外国語も先生から学んだ。他者の助言に耳を傾ける必要はあるが、やめるようにといわれてすぐにやめるようでは自分の人生を生きることはできないだろう。

■失敗を恐れない

こうして、自分の人生を生き始めても、当然、順風満帆な人生が送れるとは限らない。親にいわれるまでもなく、失敗したくない、挫折したくないと思った人は人生の選択に慎重にならないわけにいかない。

失敗するのは怖い、できたら失敗したくないと思う人は多い。私は長年大学などで教えてきたが、間違いを恐れる学生は多かった。成績が優秀であればあるほど、いっそう間違うことを恐れる。

勉強と人生は違うと考える人もいるかもしれないが、間違った時、失敗した時の対処の仕方は勉強も人生も基本的には同じである。

私は学生が間違えた時、当然それを指摘した。その時どんな反応をするかは学生によって違う。私が古代ギリシア語を教えていたことは先にも書いたが、初学者が間違えるのは当然なのに、次の時間から講義に出てこなくなった学生がいた。

間違えないもっとも簡単で確実な方法は講義に出なかったり、試験を受けなかったりすることである。試験を受けなければ、もしも試験を受けていたらいい成績を取れたのにといえる。実際に課題に挑戦して失敗するよりも、可能性（この場合は過去の可能性）の中に生きることを選択するのである。間違えても勉強を続ければ、やがて読めるようになるのに、早々に諦めることを残念に思った。

学生が恐れるのは、間違えたことへの評価ではなく、人からどう思われるかである。自分について低い評価を受けることを恐れるのである。仕事では低い評価をされたとしても、人格まで評価されるわけではない。私は学生にギリシア語を日本語に訳してもらい、間違いがあれば説明するという仕方で教えていたが、ある時、答えようとしない学生がいた。なぜ答えないのか自分でわかっているかとたずねたら、わかっているとその学生はいった。この問題を間違えてできない学生だと思われたくなかったというのである。間違えても、決してそんなふうには思わないと約束したら、次の時間から間違いを恐れず答えることができ、それに伴って力もついていった。

勉強の場合は、正しい答えを出せなかったら、次は正しく答えられるように勉強すればいいだけのことである。生きている限り、何かのことで躓《つまず》くことはある。それでも、またやり直すことはできる。失敗から学べることは多い。取り返しのつかない失敗はない。親は子どもが失敗しないように安全な人生を選ばせようとするべきでない。

■やり遂げられなくてもいい

他の人と違う人生を生きることを恐れるのは、何かをやり遂げなければならないと考えるからである。しかし、どうなるかはともかくにも生き始めてみないとわからない。

道をたずねられたら自分が知っているところであればできるだけ丁寧に教えたいといつも思っているが、目的地まではどれくらいかかるかとたずねられても、道をたずねた人がどれくらいの速さで歩くのかがわからなければ答えようがない。もちろん、自分でも歩き始めなければわからない。他の人が早く行けたとしても自分は時間がかかるかもしれないし、その逆の場合もある。さらに、自分がどこに行こうとしているのかが自分でもわからないこともある。そのような場合は誰にもたずねることはできない。

自分がどんな人生を生きるか、目標が明確にわかっている人はいる。しかし、その目標は必ずしも自分が選んだわけでなく、多くの人が無自覚に選んだものである。自発的に選んだ人生は他の人の生きる人生とは違うので、まわりの人が心配になることは、これまで見てきた通りである。もっとも不測の事態が起こることがあるので、必ず自分の願う人生になるわけではなく、どんな人生も絶対「安全」ということはなく、安全な人生が幸福な人生とは限らないことも見た。

さらに問題は、明確な目標があるとそこに到達するまでの人生が目標達成のための準備期間として「仮のもの」になることである。今の人生を仮のものと見るには人生は短い。「本当の」人生を生きられる日がくるという保証もない。

やりたいことを未来ではなく「今」見つけてもいいのではないか。何かのためではなく、今ここで夢中になれることがあれば、これから先のことを考える必要がなくなる。それがやりたいことである。

やりたいことばかりしていたら何も成し遂げられないのではないか、どこにも到達しないのではないかと思う人がいるかもしれないが、やりたいことをしていて振り返ればいつの間にか遠くまできたというような生き方をしてもいいのではないか。先のことばかり考えて生きてみても、いつかやりたいと思っていたことができるとは限らない。

　そして、何事も達成できなければ不幸な人生になるというのではない。今の人生を未来のために犠牲にするとまではいわないとしても、「今」やりたいことをしないで、準備のためだけに費やしているのでなければ。

　仕事であれば、やりたいと思っても今すぐできないことはある。必要な知識や技能を身につけるための努力は必要であり時間もかかるが、それを身につける過程がやりたいことであると感じたい。

　迷っているのであれば、ともかく出発する。何かできることから始める。もしも途中で気が変われればそこで引き返せばいい。夢中になれることであれば気が変わることはないかもしれないが、それでも、ふと違うことをしたくなることはある。やりたいことでも何か不測の事態が起きてやり遂げられないこともある。それでも、やりたいことをしてきたと思えれば、進路を変えることになっても、それまで費やした時間やエネルギーが無駄になったとは思わないだろう。

■各人においてオリジナルな幸福

ある一流といわれている企業に就職した新卒の若者が、五月の連休を待たないで辞めた。彼の親は反対しなかったが、多くの親は、せっかくいい会社に入ったのにどうして辞めるのだというようなことをいって反対するだろう。何をもって「いい」のかは自明ではないが、もったいないことをしたと思うのだろう。

彼になぜ早々に辞めたのかとたずねると、飛び込みの営業をさせられたが、うまくいかなかったとのことだった。上司も契約を取れるとは思っていなかっただろう。しかし、それまでの人生で一度も挫折したことがない彼にはショックだったようである。

しかし、それは大きな問題ではなかったと彼はいった。会社を辞める決心をしたのは、先輩や上司が少しも幸せそうに見えなかったからだという。この会社で働けば、四十歳になったらマイホームを建てられるかもしれないが、その時には自分の墓も建つと冗談をいった。人生の先が見えた気がしたのだろう。給料が高くても、身を粉にして働くことがはたして幸福なのだろうかと疑問に思ったのである。

私は彼がそのように考えた意味がよくわかる。人は働くために生きているわけではないからである。働くことは幸福に生きるための手段であり、幸福までをも犠牲にすることではない。

すぐに辞めたりせずに、我慢することも必要だというようなことをいう人もいる。転職のリスクが大きいのは本当である。だから、私は今の仕事に満足できないのであれば転職すればいいと軽々に勧めることはない。しかし、働いていて幸福かどうかはすぐにわかる。

三木清は幸福について次のようにいっている。

「純粋な幸福は各人においてオリジナルなものである」（『人生論ノート』）

幸福の形は人によって異なる。そうであれば、自分の人生が他の人の人生と同じである必要はないし、比べることに意味はない。自分の人生なのだから、自分の人生を生きてほしいと私はその若者にいった。

他の多くの人と同じような生き方をすれば、どんな人生を送ることになるか大体想像がつくかもしれないが、「各人においてオリジナルな」幸福な人生は先が見えず、どんな人生を送ることになるかイメージすることが難しい。

しかし、だからといって「オリジナル」でない人生を生きても意味はない。自分の性格や容姿が気に入らないので他の人と同じように明るく美しくなりたいと思って自分を変える努力をし、実際そうなれたとしても自分が自分でなくなるように、多くの人と同じような人生を生きてみたところで、それは自分の人生ではない。だから、自分の人生を生きるためには、他の人と異なることを恐れず、自分に固有の人生を生きるしかない。

第8章

親は子どもにどう接するか

■「娘が余り僕を愛しすぎぬよう気をつけなければならない」

多くの場合、親子の関係は近すぎる。哲学者の森有正が娘について次のようなことをいっている。

「娘が余り僕を愛しすぎぬよう気をつけなければならない。かの女は自分で自分の道を見出さなければならない。僕の内面は一切かの女に影響をあたえてはならない」（『流れのほとりにて』）

自分と娘の絆は既にあまりに強く、「いつも静かに存在している父」、ただそれだけで、その框《かまち》を超えないよう全力をあげて努力しなければならないと森はいう。

「僕は死に直面しても娘などに傍へ来てもらいたくない人間にならなければならない。娘がどこかに存在している、ということだけが僕のよろこびであり、慰めであるような人間にならなければならぬ」（前掲書）

「娘が余り僕を愛しすぎぬよう」といっているが、その実、森は自分が娘を愛しすぎないようにと戒めているのである。

親が子どもを愛してはいけないわけではない。しかし、愛しすぎると親子のつながりは強すぎるものになり、子どもは親から、親は子どもから自立できなくなってしまう。

多くの親は「いつも静かに存在している」ことに満足できず、子どもに頼まれもしないのに、子どもの課題に手出し口出ししてしまう。それが子どものためであると固く信じて疑わない。

子どもがその親の言葉に何の疑問も感じず、親のいうことを聞いていれば、その親子は仲がいいように見える。しかし、いつまでも蜜月は続かない。森はいう。

「娘のよいお友達になる？　考えただけでぞっとする」（前掲書）

このように思う親は稀《まれ》かもしれない。他方、三木清がいうように、子どもは自分の我儘《わがまま》がよくないことであると諭されることもないように思う。多くの場合、子どもが愛情の名に隠された親の支配に気づき、親の支配から抜け出すことで、親子の関係のあり方は変わるのである。

どうすればそのことが可能になるのか。まず、子どもが自分の責任でしなければならないことに親が踏み込まないことである。親からすれば、知識も経験も足りない子どもは頼りなく見える。実際、失敗することもある。それでも、あえて子どもたちを見守る勇気を親が持たなければ、子どもは自分の人生に責任を取らなくなる。

親に従っている限り、失敗した時の責任を親に転嫁できることを知っている子どもは、親の支配に気づいていても親から自立しようとはしない。

次に、親子という仮面を外すことである。仮面はラテン語ではペルソナ（persona）という。英語のパーソン（person、人）の語源である。親と子どものそれぞれが親と子どもという仮面を外し人間として接するようになれば、親は「あなたのためを思って」とはいわなくなり、子どもも親が子どもを心配する、その実支配することを親の愛とは思わなくなるだろう。

▩子どもを見守る

私が高校生の時に哲学を学びたいといった時、父は反対したが直接私にやめるようにといったのではなく、母に反対するようにいった。母は反対しないように父を説得してくれた。父がなぜ反対したかはわかる。将来私が経済的に困ることを心配してくれていたのである。

しかし、そうなったとしても、私が自分で解決しなければならないことを母はよく理解していたのであろう。母は父に「あの子のすることはすべて正しい、だから見守ろう」といって説得した。もちろん、私がしていたことがすべて正しかったはずはないのだが、母の全幅《ぜんぷく》の信頼はありがたかった。

　ここで注目したいのは「見守る」という母の言葉である。これは私がその後の人生をどう生きるかを見届けるという意味である。もしも私が苦境に陥れば親は援助の手を差し伸べてくれただろうと思う。しかし、親は私の人生に干渉せず、見守ってくれた。

　親が子どもが何をしているかをまったく知らないのは問題である。何をしているかを知っているけれども、あえて手出し口出しをしないというのは親にとって難しいと感じる人は多いだろう。子どもが親の理解できる人生を選ぶのであれば静観できても、親も子どももどうなるか予想できない人生を選ぼうとすれば、親は口出ししてしまう。親はこのままだと子どもが失敗するのではないかと恐れるからである。

　そのような時、子どもを止めるのが親の務めだと思っている人がいる。もちろん、その失敗が致命的であることが予想できる時には、当然止めなければならない。しかし、そうでない時は止めてはならない。失敗からしか学べないことがあるからである。

　あえて子どもの課題に手出し口出しをしないためには、親には見守る勇気が必要である。この勇気は、しかるべき距離を取るために、親子関係のみならず、あらゆる対人関係において必要である。

子どもの課題に手出し口出しをする方が簡単なのは本当である。しかし、それでは子どもはいつまで経っても親から自立できなくなる。基本的には子どもの課題に親が介入することはできない。しかし、行動の結末はただ子どもにだけ降りかかるのだからと、親が何もしなくていいと考えるのは間違いである。そうなると今度は放任になってしまう。どのように介入するかはすぐ後で考えるが、介入しなければならないのは、先に見たように、失敗が致命的であることが予想できる時、また、子どもがしていることが自分や他者を害している時、実質的な迷惑を及ぼしている時である。実質的な迷惑を及ぼしているというのは、例えば、夜中に大音量で音楽を聴くというようなことである。

難しい問題はある。親が子どもが何をしているかを把握するのは難しい。同居していても、子どもが部屋で何をしているかはわからない。まして、離れて生活していれば、連絡がなければわからない。さらに、成人した子どもが薬物に手を染めたり、何か罪を犯したりしたら、はたして親に責任はあるのだろうか。端的にいえば、親は責任を取りようがない。罪を犯した子どもの親の家に報道陣が詰めかけ、親にドアホン越しにコメントを求めるというようなことはおかしいと私は考えている。それでも、できることはある。

■課題を分離した上で協力する

子どもが何でも親のいうことを聞くというようなことは、大抵の親子関係ではありえない。むしろ、そのようであることの問題を見てきたのだが、親は子どもが親に従わない時にどうすればいいか判断に迷う。親に従わないというのは、反抗的な態度を取るということでなくても、例えばこれまで勉強をすることに何の疑問も持たなかった子どもが勉強しなくなったり、学校に行かなくなったりするようなことである。親は動揺しないわけにいかない。

このような時、どうすればいいだろう。

まず、子どもの話を聞く。この親は決して話を遮ったり批判したりしないで、最後まで話を聞いてくれると確信できれば、子どもは親に話してみようと思うだろう。親は子どもの話を聞いても、受け入れることができないかもしれないが、まずは子どもの話を理解することに努めなければならない。

次に、誰の課題かを理解しなければならない。学校に行く、行かないは子どもの課題である。学校に行かないことの結末は子どもにだけ降りかかり、責任も子どもが取るしかない。学校に行かずに授業を受けなければ成績が下がる。場合によっては、卒業も危ぶまれることになるかもしれない。それでも、学校に行くか行かないかは親の課題ではない。

およそあらゆる対人関係のトラブルは、人の課題に土足で踏み込むこと、あるいは踏み込まれることから起こる。一番簡単な問題解決の方法は、子どもの課題に親が一切手出し口出ししないことである。親が子どもの課題に口を挟むのは、子どもが自力で問題を解決できると信頼していないからである。

ただし、課題の分離は対人関係の最終の目標ではない。協力することが最終目標である。そのためにも、誰の課題かがわかっていないといけない。親が援助できないわけではない。子どもの行動や生き方について親が意見をいえないわけではない。本来は子どもの課題を子どもと親の「共同の課題」にすることはできる。ただし、そのためには手続きを踏まなければならない。

理論的には、親は子どもの課題を親と子どもの共同の課題にできるが、子どもの方から共同の課題にしたいという申し出があった時にだけ共同の課題にするのが望ましい。というのも、親が共同の課題にしたいという提案をする時には、親が子どもを自分の思う通りにする、つまりは支配したいと思っていることが多いからである。子どもが勉強しなければ、それを見る親の心は穏やかではないだろう。しかし、あなたが勉強しないのを見るとイライラしたり、不安になったりするから勉強してほしいとはいえない。実質的な迷惑を及ぼされている場合でも、共同の課題にする手続きを踏まなければ、関係を損ねることになる。勉強をしない子どもであれば、「最近のあなたの様子を見ているとあまり勉強しているようには見えないが、そのことについて一度話し合いをしたい」という。関係がよくなければ、この申し出は却下されるだろう。

自分の力だけでは解決できないことはある。しかし、自分で解決しなければならないこと、かつ自分で解決できることについてまでも、他者の協力を得ようとするべきではない。子どもの頃から親が子どもの課題に手出し口出しをしていたら、子どもは依存的になり、大人になっても親に依存するかもしれない。だが一方で、必要な援助であれば援助を求めていいことを教えておかなければ、援助を求めてこなくなる。「何かできることがあったらいって」といっておくことはできる。もっとも、子どもから援助を依頼されたからといって、何もかも引き受けることはできない。できないことは断るしかないが、できるだけ協力したい。

親が子どもの人生に無関心であってていいはずはない。親が無関心であることを知った子どもは絶望するかもしれない。子どもが薬物に手を染めるようなことがあれば、それは子どもの課題ではあるが、放っておいていいはずはない。薬物依存の子どもは依存していることがいいと本心から思っているわけではない。成人した子どものすることのすべてに親に責任があるとは思わないが、共同の課題にしたいのは、子どもを親としてというより、親子という仮面を外した人間として援助したいからである。

■対等と見なされる時、近く感じる

親は子どもがいうことを聞かなくなったら、子どもが自立した証《あかし》であると考えたい。

思春期の子どもが反抗するといって相談を受けることはよくあった。「反抗期」というような時期があるわけではなく、反抗させる親がいるだけであることは先にも見た。大抵、親が子どもの課題に土足で踏み込むようなことをしているので、子どもは反発し反抗するのである。学校を休むといっている子どもに、親が休んではいけないというので子どもは反発するのだから、子どもの課題には口出ししなければいい。共同の課題にしたい時には、そうする手続きを踏む。このような対応をすれば、子どもは反抗する必要がなくなる。子育て、教育の目標は自立である。子どもが親に反抗して親から離れていくのも自立だが、できるものならば子どもが平和的に自立する援助をしたい。

援助したくてもできないことはある。関係が近いと思えなければ、子どもから何もいってこないだろう。関係が近く感じられるためには、子どもが対等と見なされていると感じることが必要である。

作家のマイクル・クライトンは、九歳の時作家としての一歩を踏み出した。医学部在学中、父親は学費を払わなかった。そこで、原稿料で学費を稼ぐと決意した。それが作家マイクル・クライトン誕生の決定打になったが、それ以前にも、ジャーナリストであり、編集者である父親は彼に様々な刺激を与えていた。

十三歳の時、アリゾナ州にあるサンセット・クレーター・ナショナル・モニュメントを見に行った。その時、クライトンはその地の魅力が多くの観光客に知られていないのではないかと感じた。その話を母親にしたところ、それなら、それを記事にすればいいと「ニューヨーク・タイムズ」へ寄稿することを勧めたのだ。

「《ニューヨーク・タイムズ》だって？　でも僕、まだ子どもだよ」

「そんなこと誰にもいう必要はない」

クライトンは父の顔を見た。

「レンジャー（管理人）事務所でありったけの資料をもらって、職員にインタビューするんだ」

と父親はいった。

そこで、家族を暑い日差しの中で待たせておいて、何を質問しようかと考え、職員にインタビューをした。

「まだ十三歳の息子にそれができると両親は考えているらしく、そのことに私は勇気づけられた」

とクライトンはいっている（『トラヴェルズ』）。クライトンは「ニューヨーク・タイムズ」に旅行記を書いて寄稿し、原稿料を得ることができた。

通常の親子関係であれば、子どもが何かをしたいといっても親が止めることが多い。それとは反対である。挑戦してみてうまくいかなくても、また挑戦すればいいだけである。失敗したら平気ではいられないかもしれないが、挑戦しなかったら、後々もしもあの時やっておけばと後悔することになるだろう。その方が問題である。

子どもがやりたいことがあるのに、大人がそれを止めることがある。逆に、子どもが臆病になり、できるはずのことから逃げようとすることがある。課題に取り組むかどうかは子どもの課題である。だから、大人が口出しをする必要はないというのはその通りだが、大人が何もできないわけではない。クライトンは親から記事を書くことを勧められた時に、自分がもはや子どもとは見なされていないことを知ったであろう。

対等であると感じられたら、近く感じられる。近くに感じられる人であれば、親であっても話を聞いてみようと思える。「僕、まだ子どもだよ」といっていたクライトンは、自分の能力に確信が持てなかったが、親の適切な援助によって、自分の課題に取り組む勇気を得ることができたのである。

第9章

理解するということ

■カウンセラーがクライエントの問題を解決するわけではない

どのようにすれば他者に支配されず依存しないで生きられるか、また、そのように生きる援助ができるかを見てきた。さらに、自立した関係がどういうものであるかも見てきたが、自立した人同士が築く関係がどのようなものであるか、さらに、人を理解するとはどういうことかを、ともすれば、支配、依存関係になる医師と患者、カウンセラーとクライエントの関係を手がかりに考えたい。

相談業務に関わる人、専門家でなくても誰かから相談を受ける人は依存関係にならないように気をつけなければならない。

アドラーが次のようにいっていることは先に見た。

「患者を依存と無責任の立場に置いてはいけない」（『人生の意味の心理学』）

専門家の知見に頼らなければ、自分の身体や心の中で何が起きているかわからない。自力で何とか凌《しの》げると思っていても、ついに痛みや不安に耐えられず、医師やカウンセラーの元に行く。そんな時、カウンセラーとクライエントとの関係が依存関係にならないようにしないといけない。

カウンセラーはクライエントの問題を解決する力になるが、カウンセラーが解決するのではない。たった一度のカウンセリングでも相談にきた人の生き方が変わるようなカウンセリングをしなければならないと私は考えているが、クライエントがカウンセラーのおかげで問題が解決した、悩みがなくなったと思い、「先生のおかげでよくなりました」とか「先生に助けてもらいました」といわれるようであれば、依存関係になっているのである。

依存関係にならないようにするにはどうすればいいか。アドラー心理学のカウンセリングを例にすると、カウンセラーが一方的にカウンセリングを進めないようにしなければならない。

■対等の関係を築く

カウンセリングでは行動や症状の目的を明らかにしていくが、行動や症状の目的を本人は意識しておらず、カウンセラーから指摘されて初めて思い当たることが多い。

「解釈投与」という言葉をアドラー心理学では使う。例えば、「あなたが学校に行かないのは、親に心配をかけ、自分に注目してほしいからではありませんか」とカウンセラーが問うた時、それをクライエントが否定したら「自分ではわかっていないだけだ」というようなことはいってはいけない。不登校の目的は親に注目されることだという解釈を押しつけてはいけないということである。カウンセラーが示した解釈にクライエントが抵抗すれば、その解釈は撤回するしかない。

どんな問題であれ、カウンセラーがクライエントに代わって解決することはできない。行動や症状の目的が明らかになれば、その目的を達成するためのより有効な手段を考えることができる。

先に見た大学生の例でいえば、過食症になって自分の身体を痛めつけなくても、自分がしたいことを言葉で親に主張すればいいのだが、できれば自分でこのことに気づいてほしい。クライエントが症状の目的を自分では思いつかない時には、押しつけにならないように注意しながら、問題の解決の道筋を明らかにしていく。

クライエントの側からいえば、カウンセラーがいうことが納得できなければ、同意してはいけない。わからないことや納得できないことがあれば、徹底的に問い質《ただ》さなければならない。

以上の説明で対等の関係がどういうものかイメージできると思うが、親子関係でもこのような関係を築くことができる。基本的には、子どもの課題に親といえども介入できないが、先に見たように、子どもの課題であっても親が共同の課題にすることはできる。実際、親が子どもに教えなければならないことは多々ある。

カウンセリングの場合は、クライエントが自分の問題を解決したいと思って相談にくる時には、カウンセラーの話を聞かないことはないが、子どもが悩んでいるので力になりたいと思って、頼まれてもいないのに、親が子どもに声をかけても拒否されることはありうる。

校則違反の服装で登校している生徒に、何か悩みがあるだろうからと助けてあげようと教師がカウンセリングしようとすれば、生徒の抵抗にあうのは必至である。

子どもが親に助けを求めることもある。それでも、慎重に言葉を選ばなければならない。一方的に話をすると、子どもは抵抗する。親から説教されたいわけではない。

■理想の相手を見ない

理想の相手を見ないことが大事である。目の前にいる人でなく、観念、さらに理想を見ると、ありのままの相手が見えなくなる。その理想からの引き算でしか見ることができなくなるからである。

親は子どもが従順であってほしい。勉強してほしい。できたらいい成績を取ってほしいと思う。しかし、目の前にいる子どもは何かにつけ親に逆らい、勉強しない。そのような時、親は現実の子どもを見ないで子どもを属性化、理想化するが、逆らえない子どもにとってこれは事実上の命令になる。

子どもや部下は他者からの属性化から自由にならなければならないことを見てきたが、属性化する側の人は真のつながりを築くために何ができるかを次に考えたい。

フランス語で「理解する」は comprendre という。「含む」「包摂する」という意味である。しかし、他者を包摂しようとしても必ずはみ出てしまう。属性化は一面的であったり、人によって包摂の仕方が異なったりする。自分とよく似た人であれば包摂は容易だと思うかもしれないが、自分とはまったく違うと包摂することは難しいと思うだろう。もっとも、自分によく似ているからといって、完全に包摂、つまり、理解することはできない。よく知らない人であれば、理解できないのは当然と思えても、近い関係の人であれば、あの人のことはわからないと思った時、驚き困惑することになるが、人は必ず「理解」を超える。包摂からはみ出すのである。

そのような時、その理解できないところを切り捨ててしまう。ギリシアの伝説上の盗賊であるプロクルステスは、捕えた旅人を自分の寝台に寝かせ、もしも身体が寝台よりも短ければ無理に引き伸ばし、逆に長ければ、寝台からはみ出した部分を切り落として殺したといわれている（アドラー『子どもの教育』）。相手のすべてを包み込んだと思う人は、このプロクルステスと同じように、自分が理解できないところは切り捨てるのだが、そのことに気づいていない。

その人についての「観念」を形成し、はみ出たところは切り捨ててしまうか、自分の観念に合うように解釈しただけなのに、理解したと思ってしまう。

理解しようとする側はたとえ包摂しきれないところがあったとしても、それを切り捨ててはいけない。理解される側は、他者が包摂できないところに自分の個性があると思わなければならない。

親子関係を例にして考えると、親は子どもを自分の尺度に当てはめて理解しようとしないで、また子どもに親の理想を押しつけないで、ありのままの子どもを受け入れることが必要である。子どもの側からすれば、ありのままの自分を認められたと思う時に、理解されたと思える。しかし、理解されないことはある。

■親は子どもを理解できない

子どもは、親は自分のことが理解できないと思っておいた方がいい。子どもは親から理解されないからといって落胆する必要も、親に認められるために親に合わせる必要もない。

ある人が親にこれからどう生きるかを話した。親が理解できるとは思っていなかった。親は子どもの話に驚き、しばらく絶句した後こういった。

「私はお前のいっていることが理解できない。ただ、お前がしていることが間違っていることだけはわかる」

親が理解できないからといって、子どもの行動が間違っているわけではない。親が子どもを理解できない時、子どもは親の観念ではなくなり、子どもは親にとって「他者」になる。

その後、親が子どもを理解できるかはわからないが、子どもが他者であることを知る経験をしなければ、親は子どもを自分の観念としてしか見てこなかったことに気づかないだろう。

親がこの子どもは自分の理解を超えるということを知れば、親は子どもから自立できる。自立した親は子どものことは親が誰よりも知っているとはいえなくなる。むしろ、この子どもは理解できないと知った時、親は子どもを理解したといえる。子どもは親の所有物ではない。親の理想とは違おうが、問題行動をしていようが、ありのままの子どもを見て受け入れるところから始めるしかない。

以上のことは、大人同士の関係においても同じである。森有正が、初めて女性に郷愁に似た思いと憧れ、そして、微《かす》かな欲望を感じた頃のことを書いている（『バビロンの流れのほとりにて』）。実際には、森はその憧れた女性とは一言も言葉を交わしていない。何ら言葉を交わすことなく、夏が終わり、彼女は去ってしまった。

そんな彼女に森は「全く主観的に、対象との直接の接触なしに、一つの理想像を築いてしまった」。その理想像は、実際の彼女ではなく、森がイメージした「原型」でしかなかった。

こうして、彼女は永遠に森の中で、原型として生き続けることができたが、森と同様、実際に目の前にいる人を観念としか見ていないことがある。憧れの人というのは観念の産物であるといっていい。言葉を交わしたこともない人をどうして好きになれるだろう。

親が歳を重ね、かつてできたことができなくなったような時にも、子どもがその事実を受け入れるのは容易でない。しかし、この場合もありのままの親を受け入れるところから始めるしかない。

親が子どもに理想を見る時は、その理想は世間の多くの人が共有する親の願望だが、まだ一度も現実の子どもが到達したことのない姿でもある。しかし、親が年老いていろいろなことができなくなった時、子どもが親に持つ理想は、今はできなくなったが、かつてはたしかに親ができていたことである。だから、現実との乖離《かいり》が大きく感じられる。

それでも、親が今しがたのことも忘れるようになったとしても、できなくなったことを数え上げ、かつての親から引き算するのではなく、親の現実を受け入れ、そこから加算するしかない。

■「他者は理解できない」が出発点

人は本当に理解し合えるのか。決して理解し合えないと考えるのも、絶対に理解し合えるというのも間違いである。相手を理解できていると思うと、その人を近くに感じられるかもしれないが、近いと感じているのも思い込みでしかないかもしれない。

理解していると思っていると、理解できないことになる。近い関係にある人でも、皆が同じように感じ考えているわけではないからである。そのことを知っているのといないのとでは大きな違いがある。

キム・ヨンスは「私は、他者を理解することは可能だということに懐疑的だ」といっている（『세계의 끝 여자친구』 작가의 말）。また、「謙虚な文章」とはとたずねられ、他人については書くことはできない、他人を理解することは不可能だ、この認識で書く文章は謙虚な文章だと答えている（『청춘의 문장들＋』）。

キム・ヨンスは書くことはできないといっているが、他人については書けない、他人を理解することはできないという認識で「謙虚な文章」を書くことはできるというのである。

他者は理解できないかもしれないが、そこで終わってしまうと他者と共生することはできない。他者は理解できないから関わらないというのではなく、理解できないことを前提で関われば、理解できていると思っているよりも、相手の理解に近づき、キム・ヨンスの言葉でいえば謙虚になれる。

子どものことは親の自分が誰よりも理解していると思っている親は多い。しかし、自分の子どもだからといって、親が子どもを理解できるわけではない。むしろ、親は子どものことは親である自分が一番よく理解していると考えて接するので、かえって子どもを理解できないことになる。

子どもは幼い時には言葉を発しないので、突然泣き出しても一体何を訴えたいのかわからず、いつまでも泣きやまず困り果てたという経験をした親は多いだろう。それでは、言葉を話すようになれば子どものことが理解できるかといえばそうとは限らない。子どものことはわかるという思い込みが、子どもを理解する妨げになってしまうからである。

相手を理解しようとするのが愛である

人のことはそもそも理解できないのかもしれない。しかし、だからといって決して理解できないと絶望しなくてもいい。

キム・ヨンスはこういっている。

「私が希望を感じるのは、人間のこのような限界を見つける時である」(『세계의 끝 여자친구』 작가의 말)

限界があっても希望はある。限界があることにすら気がついていない時には、相手を深く知ろうと努力しない。相手を完全に理解できない、少なくとも完全には理解できないという限界があることを知っていると、いっそう相手を知りたいと思うのではないか。

「私たちは努力をしなければ、互いを理解することはできない。愛とはこういう世界に存在している」(前掲書)

相手を理解したい、理解しようとする。これが愛である。ただ一緒にいるだけでは、いい関係を築けない。互いを理解する努力が必要である。これは容易なことではないが、相手をよりよく知ろうとする努力は、喜びとしての努力である。

「そして、他者のために努力するということの行為自体が、私たちの人生を生きるに値するものにする」（前掲書）

ここでいう努力は、他者のために何かをする努力ではなく、他者を理解しようとする努力である。自分だけで生きているのではない。自分と共生している他者を理解する努力をするという行為が、人生を生きるに値するものにするのである。

■支配するために理解するのではない

相手を支配するために理解しようとする人がいる。支配しようとする人は、理解しようとするのではなく、理解していると思っているのだろう。

親が「私は親なので子どものことを一番よくわかっている」という時、親は子どものすべてを理解しているという優越感を持つ。それは子どものすべてを把握し、コントロールできているという優越感でもある。しかし、子どものことが理解できないと思う経験をすれば、優越感は劣等感になる。

親であっても子どものことがすべてわかっていなくていいと思えれば、そのような自分を受け入れることができ、理解できないところはできないままに子どもを受け入れることができる。しかし、親は子どもを理解しているべきだと思うと、子どもをそのまま受け入れるのではなく、理解できないところを見ないことで、子どものことは何でも理解できていて、コントロールできていると思い込まなければならない。

理解できないところを見なければ、あるいは理解できるところだけを見れば理解できていると思うだけで、実際には理解できていない。理解できていないのに理解できていると思っている子どもとの関係は近く感じられるかもしれないが、実際には近くはない。これまで使った言葉でいえば、それは偽りのつながりである。

ある母親が子どもから自分の部屋を掃除してほしいと頼まれた。「自分の部屋なのだから、自分で掃除をしなさい」といって断ることもできたが、子どもが頼んだのだからと子どもの部屋に入った。母親は机の上に日記帳があるのに気づいた。そして、ページが開かれているのを見た。母親はつい読んでしまった。「つい」というのは本当ではない。多少なりとも、読んでもいいかとためらっただろう。

母親は子どもの日記を読んではいけないと思っただろう。しかし、翌日も部屋に入ると前日と同じように机の上に開いて置いてあった娘の日記帳を読んだ。こんなことが一週間以上続いた。ある日、日記を読むとそこにはこのように記されていた。

「お母さんは一体いつまでこんなことを続ける気ですか」

母親が娘の日記帳を読んだのは、ただ好奇心からだけではなかっただろう。直接言葉を交わすことがない娘が何を考えているのか、親が知らないところで何をしているのかがわからなくて不安に思っていた。だから、日記を読むことで、娘の考えていることやしていることを知りたかったのである。

もしも日記に親の理解を超えるようなことが書いてあれば、読まなかったことにするか、自分の理解に合わせようとする。あるいは、黙って日記を読んだことを子どもから責められたとしても、子どもを問い詰めるだろう。ただ、子どもを理解したいために読んでいたわけではなかったのである。

親である自分に子どもが何も話さないことを悲しんだり怒ったりするかもしれない。子どもが何を考えているかをすべて把握していなければならないと思っても実際にはできない。子どもを親がコントロールすることはできない。それにもかかわらず、子どもをコントロール、支配するために子どもを理解しようとするのだが、ここでいう理解は自分が好意を持っている人のことを理解したいという時の理解とは違う。

■子どもの進路、結婚

親の理解を超える行動は問題行動ではない。例えば、子どもが中学校を卒業してすぐに就職したいと言い出したとしたら、子どもがなぜそのような決心をしたかは親の理解を超えている。親が高学歴であれば、想像もつかないだろう。

子どもがそんなことを言い出したら、親は怒り心頭に発し勘当《かんどう》するなどといった時代もあった。今もそんな親はいるかもしれないが、子どものために翻意を促そうとしているわけではない。

子どもの行動が親の理解を超えている時、親ができることは二つある。一つは、先にも見たが、今起こっていることが誰の課題なのかをはっきり理解することである。子どもが中学校を卒業してすぐに働きたいと言い出したとしたら、卒業後の進路は子どもの「課題」である。

子どもの決断の結末はただ子どもにだけ振りかかり、決断の責任も子どもが自分で引き受けるしかない。親といえども、子どもの課題に土足で踏み込むことはできない。

親が子どもに中学校を終えただけでは不安なので高校に進学してほしいと願うのは、親の課題である。その親の課題を子どもに解決させることはできない。「あなたのためを思っていっている」という親は多い。親は子どものためというが、親が希望する人生を生きることが子どものためになるかどうかはわからない。世間体を気にして子どもに進学してほしいと願うのなら、正直に「あなたのためを思って」とはいわず、「私のために」高校に進学してほしいというべきだ。もちろん、子どもは親のために生きる必要はないので拒否するだろうが。

ただし、子どもの進路は子どもの課題だが、親と子どもの共同の課題にすることはできる。そのためには手続きを踏む必要があることも先に見た。子どもの進路について話し合いをしたいという申し出を、親が子どもにしなければならない。それに対して、子どもが話し合いを拒否すれば、そこで終わりである。もちろん、機会を改めて話をすることはできるが、子どもを追い詰めず、またいつでも相談に乗ると伝えることしかできない。

子どもを追い詰めないことが大切である。もしも子どもが自分の選択が後になって間違っていたと思った時、軌道修正をしてもいいといっておかなければならない。

親が子どもの結婚に反対することもあるだろう。子どもがもしも親に反対されて、自分が好きな人と結婚するのを諦め、後になって、あの時、親に従ったから不幸になったというようなことを子どもがいった時、親が子どもの人生に責任を取れるとは思わない。

一度決めたら最後までやり遂げなければならないと考える人は多い。しかし、後で何が起こるかは誰も予想できないのだから、何か不都合が生じたら、再決断をする勇気を持たなければならない。親に逆らって自分の好きな人と結婚したけれどもうまくいかなかったという時、親に「だから、反対したのだ」といわれたくないばかりに不幸な結婚生活を続けたり、別れても親元に帰ってこられなかったりする事態は避けたい。

子どもの方も親に従ったという責任はあるので、親ばかりが悪いというようなことはいえないが、親は子どもを追い詰めるべきではない。

■恋愛は驚きから始まる

他者を理解できると思うこと、さらに他者を理解することで支配しようとするのは問題である。相手のことを必ず理解しなくてはならないと考える必要はない。その思いが時として強迫観念になることもある。

相手のことを知りたいと願うこと自体には問題はない。友人であれ、恋人であれ、誰かと親しい関係になったら、相手のことを知りたいと思うのは当然である。しかし、子どものことを絶対理解しなければならないと考える親は、その思いがほとんど強迫観念にまでなることがある。

相手のことを必ず理解できなければならないわけではない。自分とは無関係な人であれば、特に関心を持たないだろう。しかし、他ならぬ自分の子どもについては、親は子どもに関心を持ち、理解できていると思いたくなる。しかし、子どもといえども他人なので、完全に理解することはできない、少なくとも、子どもを理解することは容易ではないと考えて関わらなければならない。理解したいと願っても、理解できると思うのは間違いである。これについては、これまで何度も見た通りである。

同じことは、大人同士、パートナーの間でも起こる。相手のことを完全に理解して初めて付き合うという人がいて驚いたことがある。自分が好意を持っている人でも、相手が間違いなく自分を好きであると確信できなければ、告白するのをためらう。あなたのことを異性として見たことがないというようなことをいわれたら、ショックから立ち直れないと思って、告白するのをためらう人もいる。

相手の自分への思い、さらには、相手の感じ方や考え方まで理解したいと思う人が誰かと付き合ったり、人生を共にしたりすることにどんな意味を求めているのか私にはわからない。親から、あなたのことは親である私が一番よくわかっているといわれ、たしかにこの親は自分を誰よりもよくわかってくれていると思って嬉しいと思う人がいるだろうか。付き合う時に、相手からあなたのことはすべて理解しているといわれて嬉しい人はいるのだろうか。

付き合い始めたり結婚したりすることは、二人の関係のゴールではなく、始まり、出発点でしかない。付き合ったり、生活したりしている過程で、相手も自分も変化していく。二人の関係も変化する。たとえ相手のことを完全に理解していると思って付き合い始めたとしても、相手は変わる。自分も同じであり続けることはない。

この人を永遠に愛し、愛され続けたいと思うのは当然である。しかし、二人が変化することが前提となる。相手が思いがけない変化をすると——それはすぐに起きることもあれば、長い時間が経過して起きることもあるが——、相手を理解し好きだと思っていたのに、なぜこんな人を好きになったのかと思うことになる。

このようなことになるのは、付き合い始めた頃はまだ相手についてよくわからないことがあっても当然だと思っていても、付き合う前から何でもわかっているべきだと思うような人でなくても、長く一緒にいるうちに相手のことを完全に理解していると思うようになるからである。しかし、長く付き合えば相手のことが何でもわかるようになるわけではない。

アリストテレスは「哲学は驚きから始まる」といっているが、恋愛も驚きから始まる。自分と同じように感じ考える人と付き合うのであれば、何か問題が起こっても問題の受け止め方や対処の仕方は似ているが、自分とは感じ方や考え方が違う人となら、思いもよらない仕方で受け止め対処するのを見て驚くことになる。

しかし、自分とは違う感じ方、考え方をする人がいることを知ることは、人生を豊かにする。この人はこんなふうに考えるのだと知ることは、たとえ理解が困難であっても、人生を豊かにする。

長く付き合った相手でも完全に理解しているわけではない。相手を理解できない場合は、相手を知ろうとする。相手のことをすべて理解していると思ったら、相手を知ろうとはしないだろう。理解していない時に理解しようと努力することが、二人の関係をよくするのである。

■理解するためにできること

相手を理解することはここまで見たように容易ではない。とはいえ、相手を理解したいという思いを持つことは大切である。親子関係を例に見てきたが、親は子どもを理解したいと思う。子どもも親から決して理解されたくないとまで思っているわけではない。できるものなら親に正しく理解されたいと思う子どもはいるはずである。

どうすれば相手の理解に近づけるだろうか。理解しようと努力しても、その理解が正しいかどうかがわからないのであれば、たずねるしかない。相手を理解していると思ってたずねなければ、独りよがりな理解は関係を悪くする。

たずねてみて、思いもよらない答えが返ってきたら受け入れるしかない。この子どもは私のことが好きに違いないと思っても、子どもが親を好きではないといったとしたら、受け入れるしかない。親にとって容易ではないが、大事なことは子どもが自立することなので、子どもが親から離れていくことは望ましいことである。好きではないといわれても、本当は好きなはずといってはいけない。子どもの思いを理解した上で、子どもとどう関わっていくか考えていくしかない。

もう一つ知っておくべきことは、理解することと、賛成、あるいは反対することは別だということである。理解できたとしても、賛成できないこと、受け入れられないことはある。親は子どもの生き方が理解できないとしても、それを間違いだとはいえない。賛成できないといい、その理由を説明することはできるが、賛成できないために怒りを感じたり、悲しかったりしても、親が自分で解決するしかない。

子どもの立場からいえば、親が自分の考えを理解することは期待できないかもしれない。しかし、初めから親は何もわかってくれないと思うことはない。説明した上で親が理解してくれなくてもそのことを受け入れるしかない。

もう少し踏み込んで、自分も相手に理解してもらうために自分の考えを伝えることができないわけではない。自分の考え、意見であることを強調して話せば、話を聞いてもらえないということはないだろう。ただし、相手を理解し、自分も理解してほしいと思って自分の考えを伝えるのは、あくまでも相手の力になりたいからであって、自分の考えを押し付けるためではない。

このようにして互いに考えを理解する努力をすれば、たとえ相手が自分の思うような生き方をしないとしても、関係が悪化することを防げるだろう。

■人は常に変わる

相手を理解する努力をするからといって、相手を理解できるわけではない。たしかに、相手のことがわかったと思える瞬間がある。しかし、相手も自分も絶えず変化している。二人が初めて知り合った時と同じままでいることはない。一度、この人のことがわかったと思っても、その人がずっと同じ人であり続けるわけではない。人を理解するのが難しいのは、人が絶えず変化するからである。

ギリシアの哲学者であるヘラクレイトスが「同じ川には二度入れない」といっている。川の流れは昨日とは違う。そして、昨日その川に足をつけた自分も昨日の自分と同じではない。ヘラクレイトスは「万物は流転《るてん》する」ともいっている。

もちろん、人も川のように絶えず変わる。ある日、突然まったく別の人になるわけではないが、同じままではない。そう思って接しなければ、相手の変化に気づけない。対人関係の中で自分も相手も変わる。この変化は必ずしも悪いことではない。むしろ、変化することで二人の関係が深まることはある。

このように二人それぞれが変化し、さらに二人の関係が変化していくので、永遠の愛というようなものはない。これは相手の心が自分から離れていくという意味ではないが、今日仲がよくても明日はどうなるかはわからないのは本当である。だからこそ、毎日初めて会った頃のように過ごせば、振り返れば長く一緒に過ごしたものだと思える日がくるだろう。

なぜ初めの頃のように、喜びも驚きもなくなるのかといえば、一緒にいることを当然のことだと思ってしまうからである。相手を「もの」のように所有していると思うようになるからである。相手をそのように見なしていれば、付き合い始めた頃のような一緒にいるだけで嬉しいという気持ちは次第に失せていく。

互いに遠慮しなくなることはいいことだという人は多い。相手の言動が気にかかり、何をいえばどう受け止めるか、相手を怒らせたり傷つけたりしないように気をつける必要がなくなれば、好きな人の前で寛《くつろ》いで過ごせるようになり、親密さも増すというのである。

しかし、互いに遠慮がなくなり言葉を慎重に選ぶ努力をしなくなれば、諍《いさか》いが起きるようになる。そうならないように、相手を傷つけない配慮は必要である。親が子どもにひどい言葉を投げかけても、子どもには他に親はいないので、その時は傷ついても子どもは親を許す。

親子の場合であればこのように、よほどのことがなければ親子の縁が切れることはない。

しかし、付き合っている人や一緒に住んでいる人、結婚している人であればそうはいかない。相手の優しさに甘えてはいけない。

腫《は》れ物に触るように相手に接する必要はないが、気づかぬうちに相手を傷つけてしまうかもしれない。そのようなことがないように注意することは大切である。それでも、相手を傷つけることはある。その時は謝るしかない。

■他者に共感する

子どものことは親である自分が一番理解しているという親が、実は他の誰よりも子どものことが理解できていないことがある。自分の子どものことを理解できていないのではないかと思う親の方が、かえって子どものことを理解できることもある。

親といえども子どもを理解できるわけではない。しかし、どんなに相手を理解する努力をしても理解できないからといって諦めてしまったら、他者と共生できなくなる。だからこそ、「共感」する能力が必要になる。

アドラーは、これを「自分を他の人と同一視する能力」といった。愛や結婚に適切に準備できている人が少ないのは、「他の人の目で見、耳で聞き、心で感じることを学んでこなかったからである」とアドラーはいう（『個人心理学講義』）。

この「他の人の目で見、耳で聞き、心で感じること」をアドラーは、共同体感覚の許容しうる定義であるという。この定義がどういう意味なのかはわかりにくい。自分の目でしか見ることはできず、自分の耳でしか聞くことはできず、自分の心でしか感じることはできないからである。

自分を他の人と同一視するということについても、他の人は自分とはまったく違う見方をするので、「自分だったら」どう見るか、どうするかという発想から脱却しない限り、他の人を理解することはできない。

自分の感じ方、考え方が唯一、絶対であり、それ以外の感じ方や考え方があると思っていない人がいるが、相手が自分とは違う感じ方、考え方をすることを知っていなければならない。

そのためには、「自分だったら」と自分中心の視点から考えるのをやめ、相手の立場に身を置くこと、自分を他者と同一視することが必要になる。

共感することは難しいといわれるが、実はそれほど難しいことではないともいえる。戦場での兵士の経験について最初に見た。人は他者に共感する。自分が殺そうとする相手に共感できるのである。そこで、先にも書いたように、特別の訓練を受けているのでなければ、敵の間近で銃の引き金を引くことはもとより、飛行機から爆弾を投下したり、ミサイルを発射したりすることはできない。共感することは容易ではないが、これらの事例を考えると、自分を他者の立場に置くことが可能であるとわかる。

戦場の話を持ち出さなくても、共感や、同一視を説明するためにアドラーがあげる例を考えるとそれほど難しいことではない。綱渡りの曲芸師がまるで地面の上を歩いているかのように綱の上を進むのを見た時、自分がその綱の上に立っているとしか説明しようがない緊張感を覚える。曲芸師が綱の上でよろめいたら、観客は自分が足を滑らせ転落しそうになったと感じるだろう。

またアドラーは、多くの聴衆の前で演説している人が、話の途中で突然言葉が出なくなった時、それを聴いている人は、自分も恥ずかしい目にあったかのように感じるだろうともいっている。

もっとも、私はそんなふうには感じない。言葉が出なくなることは恥ずかしいことではないからである。嘲笑《ちょうしょう》されることを恐れて人前で話そうとしない人がいるが、大抵の人は次の言葉が出るまで待つが、嘲笑したりしない。ともあれ、たしかに相手の立場に身を置いているからこそ、我が身に起きたことのように感じられるのである。

今日、この世界に何が起こっていても、他人事で対岸の火事のようにしか見ない人がいる。そのような人は、どこかの国と戦争をすることになっても、自分が殺されることになるとは思っていないのだろう。敵国から攻撃されても、そんなことになるとは想定しなかったと政府はいうかもしれない。目の前に起きていることであれば共感できるが、遠くで起こっていることは共感できないといいたい人もいるだろう。しかし、そういう人にこそ共感能力は必要である。

先にも見たが、生産性のない高齢者は自決するべきだと主張する人は、自分もすぐに老いる日がくるとは思っていない。自分の親には自決を勧めることはないだろうが、目の前にいない知らない人にそのようなことをいえるのは、共感能力が著しく欠如しているからである。

第10章

まず人間であること

■私はあなただ

フロムは、人には様々な違いがあるけれども、各人の根底には「人間性」（humanity）があると考えた。「普遍的人間」という言葉も使っている。普遍的人間は人間性を分有し、特定の共同体だけでなく、「人類」にも所属している。フロムは、人間性を意味するhumanityを「人類」（mankind）という意味でも使う。

人は複数の共同体に所属している。働いている人であれば会社などの組織に所属しているが、同時に家庭という共同体にも所属している。生徒・学生は学校という組織に所属しているが、家庭という共同体にも所属している。

フロムはさらに誰もが人類に所属していると考える。ソクラテスが、あなたは「どこの国に属するのか」と問われた時、「世界の市民だ」と答えたという話が伝えられている（Cicero, *Tusculanae Disputationes*）。ソクラテスはアテナイというポリス（都市国家）の一員なので、ソクラテスがこんなことをいったとは考えにくいが、実際にこのような問答があったとすれば、たずねた人は、ソクラテスの答えの意味がすぐには理解できなかったかもしれない。ソクラテスは国家を超えた普遍的な正義を問題にしていたので、自分をポリスという狭い共同体の一員としてだけ考えてはいなかっただろう。

一九三〇年代の末から四五年まで、人を罵《ののし》るのに「それでもお前は日本人か」ということが流行っていた。この問いは修辞疑問であり、その意味は「それならば日本人ではない」ということである。「それでも」の「それ」は、相手の言動であり、罵る側は、「それ」が日本人の規格に合わないと見なした。

一九四五年の三月三十一日の夜、白井健三郎（フランス文学者、当時は海軍軍令部に勤めていた）に「きみ、それでも日本人か」といった人がいた。白井は落ち着き払って答えた。

「いや、まず人間だよ」

「まず人間とは何だい。ぼくたち、まず日本人じゃあないか」

「違うねえ、どこの国民でも、まず人間だよ」

この話を伝える加藤周一は、次のようにいっている。

「人権は『まず人間』に備るので、『まず日本人』に備るのではない。国民の多数が『それでも日本人か』と言う代りに『それでも人間か』と言い出すであろうときに、はじめて、憲法は活かされ、人権は尊重され、この国は平和と民主主義への確かな道を見出すだろう」

（『『羊の歌』余聞』）

まず、人は「人間」なのである。これは日本よりも先に人類に属しているということである。時間的な前後ではない。日本人でありながら人間だが、人間であっても日本人でないことは当然ある。しかし、人間でない人はいない。

「日本人」でしかなく「人間」でない人はいないが、人間であること、人類という共同体の一員であることを意識していない人は、日本に固有の価値観しか理解できないかもしれない。日本に生まれ育った人は日本という共同体の価値観を常識として身につけているので、それとは異なる価値観を持っている他の共同体に所属している人を理解するのが難しいことがある。

フロムは理解について、次のようにいっている。

「人が他者を理解できるのは、どちらも同じ人間存在の要素を分有（share）しているからだ」（*The Heart of Man*）

「人間存在の要素」は「人間性」である。知性、才能、身長、肌の色といった違いがあっても、「人間の条件」は一つであり、すべての人にとって同じである。この「人間の条件」も人間性である。誰もが人間性を分有しているからこそ、他者を理解できるのである。

フロムはさらに、他者を理解するためには「よそ者」でなければならないという。「よそ者」であるというのは、特定の共同体ではなく、世界をわが家とすること、世界市民になることである。自分が所属する文化や社会に縛られているうちは、相手と自分に共通したもの（人間性）が見えず、相手を理解できない。よそ者は「人類」に所属しているので、どの共同体に所属している人であっても「人間」として理解することができる。

この人間性を見るためにはどうすればいいのか。フロムは次のように説明する。

「われわれの意識はもっぱらわれわれが所属する社会と文化を表わし、他方、無意識は各人の内にある普遍的人間を表わす」（前掲書）

ここでは、人間性は普遍的人間と言い換えられている。誰にも共通する人間性は意識化しなければ知ることはできない。意識化できれば、自分自身の内にあるすべての人間性を経験できるようになる。自分は罪人であり聖人である、子どもであり大人である、正気の人であり狂気の人である、過去の人間であり現在の人間でもある。

すべての人間性を経験すれば、「私はあなたである」（前掲書）ことがわかる。これは例えば誰かが罪を犯した時、自分はそのようなことはしないと思うのではなく、自分も同じような状況に置かれたら同じことをするかもしれないと思うことである。

イライラし怒りを感じるのは親だけではない、子どもも同じだと思えたら、苛立《いらだ》ちや怒りを親と子どもが共に持つ人間性として理解し協力して克服することができると思えるだろう。怒りや苛立ち、さらには罪を犯すことがいいわけではないが、まず、それらは自分には無縁だと思ってしまうと、共感できず、したがってそのような人を理解できない。

■外に開かれた「共同体」に所属する

ここまでのところで、「共同体感覚」を意味するMitmenschlichkeit, social interestという言葉を見てきたが、アドラーが最初に使ったのはGemeinschaftsgefühlである。

アドラーがいう「共同体」が「ゲマインシャフト」(Gemeinschaft)であることは注目に値する。これは目的、利益社会という意味でのゲゼルシャフト(Gesellschaft)に対比される共同体である。もともとゲマインシャフトという言葉は、共同体内部の結束は強いけれども、外の世界に対しては敵対的であるような社会のあり方をいうものだった。そのような社会は後から成員になるのは難しく、所属できたとしても、いつまでもよそ者でしかいられない。

今の時代にもこのようなゲマインシャフトは多い。閉鎖的な共同体は、自分たちとは違う考えをする人を排除しようとする。中にいる人たちは仲がいいが、「異端者」は排除される。宗教であれば正統派は異端者を排除する。学問の場合は自由に研究できることが前提だが、異論を許さない閉鎖的な学会（そのような学会が学会といえるのか疑問だが）はある。SNSにも明確な形では見えなくても、閉鎖的なグループがある。そのグループの中で発言することに特別な手続きはいらないが、発言しても無視されることがある。

閉鎖的な共同体は外から異端者、少なくとも異論のある人を受け入れないので変化しない。そのため、新しい考えを持った人が既存の共同体を揺さぶるようなことはなく安定するけれども発展しない。

アドラーのいう共同体は、外に開かれない閉鎖的な共同体ではなく、外の世界に無限に開かれている。アドラーがいう共同体の範囲は広い。自分が所属する家族、学校、職場、国家、人類というすべてであり、過去・現在・未来すべての人類、さらには、生きているものも生きていないものも含めたこの宇宙の全体を指している（『人間知の心理学』）。

アドラーは、共同体を既存の社会とは考えない。次のようにいっている。

「決して、現在ある共同体（ゲマインシャフト）や社会（ゲゼルシャフト）が問題になっているのではなく、政治的あるいは宗教的な形が問題になっているのでもない」（『生きる意味を求めて』）

共同体感覚を既存の共同体への帰属感、所属感と捉え、しかも、その共同体が外の世界に開かれず、より大きな共同体の利害を考えなければ全体主義になる。

自分のことばかり考えていてはいけない。皆のこと、全体のことを考えよという人はいる。そのようにいえば聞こえはいいが、個人よりも全体を優先するべきだと考える人は、実際には全体のことを考えていない。全体として国家を考える人でも、国益ではなく私益のことしか考えていないこともある。そのような人は、真の全体のことを考えているわけではないので、誰かが犠牲になることを何とも思わない。

共同体はまた今の世代に限らず、過去から現在、未来まで連綿《れんめん》と続くあらゆる世代に連なるのであるから、今の世代の人同士の結びつきだけではなく、これから生まれてくる世代の人とも共生していかなければならない。今がよければ後はどうなってもいいわけではないということである。

Mitmenschlichkeit が「人と人とが結びついている（mit）こと」「仲間（Mitmenschen）であること」という意味であることは先に見たが、つながる人は自分が所属する共同体の中の人に限らず、共同体の外にいる人であってもいい。むしろ、共同体の中の人に限ってはいけないのである。

■善きサマリア人の喩え

アドラーの共同体感覚が、イエスの隣人愛と同じ思想と見なされたことは先に見た。アドラーがいうMitmenschen（仲間）は、「隣人」（Nächster, Nebenmenschen）とほとんど同じ意味である。

イエスも外に開かれた共同体を考えていた。ある律法学者が「何をすれば永遠の生命を得ることができるか」とイエスにたずねた。その問いに対して、イエスは律法には何と書いてあるかたずねた。律法学者は、主なる神を全身全霊で愛し、隣人を自分のように愛することと答えた。イエスはそれが正しい答えであり、それを実行しなさいといったが、「私の隣人とは誰か」とたずねる律法学者に、イエスは直接には答えず、次のようなサマリア人の喩えを語った。隣人の定義をいっても、隣人を愛せるわけではない。そのことを知っていたイエスはこのように答えたのである。

あるユダヤ人が強盗に襲われ倒れていた。そこを通りかかった祭司やレビ人（下級祭司）は見て見ぬふりをして通り過ぎた。ところが、あるサマリア人だけは怪我人を見ると気の毒に思って、近づいて傷に油と葡萄酒を注ぎ包帯をし、自分のロバに乗せて宿屋に連れて行き介抱した。その上、翌日宿代まで負担した。サマリア人にとって、自分たちを差別冷遇するユダヤ人は本来「敵」だったはずであるが、このサマリア人にとっては傷ついたユダヤ人は「隣人」だったのである。イエスはいった。

「行って、あなたも同じようにしなさい」

祭司やレビ人らは怪我人を見た時、血に穢《けが》されまいと道の反対側によけて通った。律法学者は隣人とは誰か律法に書いてあることを知っていた。律法学者は、聖書に書いてあるから隣人を愛さなければならないと考えていたかもしれない。

しかし、サマリア人は義務感からユダヤ人を助けたのではない。サマリア人にとって、自分たちを差別冷遇するユダヤ人は本来「敵」だが、そのこととは関係なく、つまり、傷ついているのがユダヤ人であることとは関係なく助けた。

人を助けようと思っていてもできないことはある。今の時代も道に倒れている人を見ても知らぬ顔をして通り過ぎる人がいる。助けたくても、仕事があって気になりながら、その場を立ち去る人もいるだろう。このサマリア人は自分の仕事を中断してユダヤ人を助けたのかもしれない。

「気の毒に思って」と私は訳したが、八木誠一は「胸が締め付けられる思いがして」と訳している。サマリア人が傷ついたユダヤ人を助けたのは、強制や律法的義務からではない。胸が締めつけられる思いがして進んで助けたのであり、「人間の本性から出た自然な行為」（『イエスの宗教』）だったのである。

「イエスは、どのような条件のもとに誰に対して何を行わなければならないか、という倫理のマニュアルの形で神の意志を説くことをしなかった。彼の思想は法でも倫理でもなかったのである」（八木誠一『イエスと現代』）

サマリア人は、国家、民族などの違いはまったく関係なく、義務感からではなく、駆け寄ったのである。彼が助けたのは人間だった。共同体をアドラーのように広い意味で捉えれば、ユダヤ人だからといって傷の手当てをしないことはありえない。

古代ギリシアのアテナイ人は、紀元前四二九年、ペロポネソス戦争の最中に感染症に見舞われた。この病気についてトゥキュディデスが『歴史』の中で、詳細に伝えている。

健康だった人も何の前触れもなく高熱を発した。頭部から始まった症状はたちまち全身に広がり、多くの人が亡くなった。家族すらも感染を恐れ、看護する人はいなくなり、患者は一人で死んでいった。家族の死を嘆くことなく呆然としているのを見た慈悲のある人は、この状態を恥ずかしく思い、我が身を顧みることなく不幸な友人を訪ね、そのため病気に感染し犠牲になった。誰にも看護されずに亡くなっていく人を見て、「我が身を顧みることなく」感染した人を助けようとした人は、サマリア人と同じ思いだっただろう。

人を助ける時、その人が誰かとかどの国の人とかは関係ない。義務で助けるのでもない。困っている人を見て「胸が締め付けられる思いがした」のであれば、それがすべてである。

■真の人類愛

さらにいえば、戦争の場合に、人為的に憎しみや怒りを喚起しなければならないという事実は、他者に対してこのような感情を持つことは当然ではないことを示している。

電車の中で困っている人を見たら、相手が誰かに関係なく救いの手を差し伸べようとすることについては何度も見たが、相手を助けようとする時、その人がどこの国の人であるかというようなことは問題にならない。自分と同じヒューマニティ（humanity）、人間性を相手の中に見るから助けようと思うのだ。相手が敵であるかも関係ない。

ヒューマニティは「人類」（mankind）という意味もあるが、誰であっても助けようと思う相手は決してアノニムな人ではない。これは先にも指摘した。アドラーが次のようにいっている。

「中国のどこかで子どもが殴られている時、われわれが責められるべきだ。この世界でわれわれ

われと関係がないことは何一つもない」（Bottome, *Alfred Adler*）

この子どもは目の前にはいないが、決してアノニムな人ではない。子どもが殴られたことを我が身のこととして感じられるのは、自分と他者に共通するもの、人間性を分有しているからである。その時、フロムの言葉でいえば「私はあなた」になる（*The Heart of Man*）。これがアノニムな人を対象としない真の人類愛である。

■敵を愛することはできないのか

助けを求める人には手を差し伸べるけれど、善きサマリア人の喩え話に語られているように、「敵」を愛することはできないと考える人もいるだろう。

アドラーの愛についての考えは、イエスがいう「敵をも愛せ」という隣人愛に近いものだが、甘やかされて育った子どもは、「私は隣人を愛さなければならないのか。私の隣人は私を愛しているのだろうか」と問うとアドラーはいっている（『人生の意味の心理学』）。甘やかされて育った人でなくても、他の人が自分を愛してくれるわけでもないのに、どうして私が他の人を愛さなければならないかと問いたくなるだろう。

フロイトは、イエスの隣人愛には疑問を抱いていた。実際、もしも「汝の隣人が汝を愛する如くに、汝の隣人を愛せよ」なら異論はないといっている（*Das Unbehagen in der Kultur*）ことは先に見たが、私を愛してくれるのなら、私もあなたを愛するとは誰でもいえるだろう。フロイトは、隣人が愛すべき存在でなくても、むしろ、敵だからこそ自分と同じように隣人を愛せよという掟はさらに不当だとも指摘している。

自分の家族や自分と親しい人には愛を向けるが、赤の他人であれば愛さない。ましてや、敵を愛することはできない。これは常識的な考え方のようにも思えるが、はたしてそうだろうか。

フロイトは、隣人愛を「理想命令」であり、人間の本性に反しており、見知らぬ人は愛するに値するどころか、敵意、さらには憎悪を呼び起こすとまでいっている。

「なぜそうするべきなのか。そうすることが何の役に立つのか。何よりも、この命令をどのように実行するのか。そもそも実行できるのだろうか」（前掲書）

アドラーは、フロイトのこのような問いを、愛されることばかり考えている人の問いであり、たとえ誰からも愛されなくても、私は隣人を愛そうと一蹴している（『人生の意味の心理学』）。

アドラーはここで「隣人を愛そう」といっているが、隣人を愛するためには一大決心はいらない。フロイトは次のような例をあげている。もしも隣人が私の友人の息子であれば、私は隣人を愛さずにはいられない、と。隣人に苦難が襲った場合には、父親である私の友人は苦痛を覚えるはずであり、私も友人の苦痛を分かち合わなければならない。直接友人の息子の力になろうとも思うだろうという。

ここでいわれる苦難は強盗に襲われ怪我をするというようなことではないだろうが、誰かが困っている時、条件をつける、つまり、この人は助けるが、この人は助けないという区別をしないということを見てきた。

誰かが救いを求めるという時、救いが期待されていなければ救いを求めたりはしない。しかも、危急の際、ただ親兄弟や友人だけに呼びかけるのではない。誰に対しても呼びかけるだろう。和辻哲郎は、先にも引いたが、次のようにいっている。

「そうしてみれば人は、他の人々をすでに初めより救い手として信頼しているがゆえに呼ぶのである」（『倫理学』）

中には、サマリア人の喩え話にあるように、怪我人を見ても避けて通る人もいるだろうが、それにもかかわらず、他者は救いの手を差し出す者として信頼されているのである。

救いを求めて叫ぶ声を聞き、救いの手を差し伸べるということは、この信頼の声を聞くということである。だから、その救いを求める声を聞こうとせずに立ち去ることはできない。

このように考えると、イエスのいう「隣人愛」は決して非現実的な主張ではなく、人間の本性に反してもいないといえるだろう。

第11章

愛するということ

■唯一無二の「あなた」との出会い

人が困っている時に助けようと思えるためには他者に共感できることが前提であるが、他者が「仲間」であるから共感するというより、共感せざるをえないという事実が他者は仲間であることを示している。救いを求める他者の声に耳を塞ぐことはできない。このように救いを求める人が誰かにかかわらず、救いの手を差し伸べようとすることをイエスは「愛」だという。

これは隣人愛の話であって、普通の愛は排他的なものではないかと考える人はいるだろう。むしろ、他の人を愛さないであなた「だけ」愛しているという排他性が愛の証だと考える人は多い。

他の人を愛さないことが相手を愛していることの証と考えたり、自分を愛しているのであれば、他の人を愛さないばかりか、目をも向けてはいけないというようなことを相手に求めたり、「あの人は嫌いだけど、あなたは好き」という人がいる。そのような排他的な愛しか知らない人には、「敵を愛せよ」といわれても、その意味をすぐに理解できないだろう。私はこの排他的な愛は偽りのつながりだと考えている。

しかし、愛は排他的だと思っていた人が、助けを求める人がいればたしかに助けたいと思うことや、自分も誰かから助けられた経験を思い出せば、特定の人を愛すること、特定の人にしか関心を向けない「排他的」な愛はむしろ特殊であることに思い至るかもしれない。

フロムは、愛は能力の問題、しかも愛する能力の問題だと考えている（*The Art of Loving*）。この能力は特定の誰かだけを対象とするものではなく、他の人を排除しない。「あの人は嫌いだけど、あなたは好き」という人は愛する能力を持っているとはいえない。

哲学者の左近司祥子《さこんじさちこ》は、猫が好きなら汚れている野良猫もふわふわのペルシア猫も、どんな猫もかわいいといっている（『本当に生きるための哲学』）。本当に猫が好きな人であれば頷《うなず》けるだろう。この伝でいえば、「あの人は嫌いだけど、あなたは好き」という人は、本当に人を愛しているといえないことになる。

愛される側からいえば、誰かが困っているのに、平気でその場を立ち去れるような人から「あなたを愛している」といわれても、少しも愛されている気にならないのではないか。

恋愛が特定の人にだけ向けられる排他的なものであることには問題があるが、それでも恋愛にはパーソナルな面があるのも本当である。他の人に代えることができない唯一無二の私が、唯一無二のあなたを愛するということである。

「あの人は嫌いだけど、あなたは好き」という人が愛する「あなた」は、唯一無二のあなたではない。もしも気持ちが変われば、すぐに誰か他の人を愛することになる。唯一無二ではなく、他の誰かに代われるからである。

唯一無二の人にはどうすれば会えるだろうか。街で誰かとすれ違っただけでは会うことにはならない。また、学校や職場で顔見知りであっても、それだけでは人と出会ったとはいえない。

マルティン・ブーバーは、人間の世界に対する態度には「我―汝」関係と「我―それ」関係があるといっている（『我と汝』）。「我―汝」関係においては、私はあなたに全人格をもって向き合うが、「我―それ」関係においては、私はあなたを対象（それ）として経験する。言葉を交わさず、人を対象化する「我―それ」関係においては、相手は「もの」と同じである。「我―それ」関係と「我―汝」関係の決定的な違いは、相手と言葉を交わすかどうかである。

初めて会った人なのに前から知っているような気がし、さらに好意を持つということはあるだろうが、その人は「汝」と出会ったのではない。好きな人についての自分の理想や観念に当てはめようとしているだけである。

■愛は本来排他的ではない

愛する人であれば、その人が唯一無二の人であるというのは当然のことに思われるかもしれない。それでは救いを求めてきた人は、他の誰にでも代われる存在かといえばそうではない。

愛は本来排他的なものではない。誰をも愛する能力のある人だけが、自分が愛する人を唯一無二の「あなた」として愛することができる。これが隣人愛の本来の意味である。その目の前に救いを求めている人がいれば、その時その人は唯一無二の「あなた」である。その人との関係は長くは続かない。名前を告げずにその場を立ち去る人もいるだろう。しかし、助けようと思った人は、「その時」「その場で」「あなた」である。

助けを求めてきた人が誰であるかは問題にならない。フロムが愛は対象の問題ではないといっていることに驚く人は多いが、この人は私が知らない人だと、助けを求めてくる人を拒むような人は誰をも愛せないのである。

他方、誰をも愛する人は、人一般を愛しているのではない。

『カラマーゾフの兄弟』の中でゾシマ長老が、ある人の言葉としてこんなことをいっている。
「自分は人類を愛しているけど、われながら自分に呆《あき》れている。それというのも、人類全体を愛するようになればなるほど、個々の人間、つまりひとりひとりの個人に対する愛情が薄れてゆくからだ」（ドストエフスキー『カラマーゾフの兄弟』）
人類のためなら十字架に架けられてもかまわないが、近くにいる人は些細《ささい》なことで憎んでしまう。
「個々の人を憎めば憎むほど、人類全体に対するわたしの愛はますます熱烈になってゆくのだ。と、その人は言うんですな」（前掲書）
はたして、この人のように「人類全体」は愛しているけれども、「個々の人間」は愛せないというようなことがあるのだろうか。
人類を愛しているということと個人への愛情が薄れることには因果関係はない。人類への愛が増すので個人への愛が薄れるのではない。個人を愛さないために、さらには、個人を憎むために人類を愛しているといっているのである。
「人類」への愛と「個人」への憎しみが対置されているとわかりにくいが、これが「国家」への愛（愛国心）と「個人」への憎しみであれば、どこに問題があるかが明らかになる。

戦争を始めるという場合、敵国に向けての憎しみや怒りが必要である。しかし、実際には、戦争の相手国に宣戦布告した途端に、その国に対して敵意を感じることはない。「鬼畜米英」というキャンペーンが必要だったのは、アメリカやイギリスという国に対しての敵意を喚起しなければならなかったからである。

しかし、目の前にいない人を憎むことはできない。戦時中であればアメリカ人、イギリス人を一度も見たことがない人がいたかもしれないが、今の時代であれば、アメリカ人、イギリス人と個人的に付き合っていなくても、鬼畜だと思う人はいないだろう。

ヘイトスピーチやヘイトクライムのことを考えると、ある国の人全般を憎む人がいないとは断言できない。ヘイトクライムの憎しみ（ヘイト）の対象は、特定の個人ではない。それでも、その国の人全般を憎むことができるかといえばできない。愛も憎しみも、さらに怒りも本来目の前にいる人にしか向けられない。目の前にいるこの人を愛し、怒りを感じ、憎むのである。

個人への憎しみを喚起するためのもう一つの方法は、国家への愛、愛国心を高揚することである。国家への愛が高まれば、個人への愛が減じ憎しみが増すというわけである。

問題は二つある。まず、個人を愛することはできても、実体のないアノニムな人や国家、さらに人類を愛することはできないということである。次に、国家を愛することができ、先に見たゾシマ長老が引く人のように、人類を愛するようになればなるほど個人への愛が薄まり憎しみが増すとしても、その個人は「同じ」人類にも属しているのだから、一つの国を愛したからといって「別の」国に属する人を愛さなくなり、さらに憎むというのは論理的におかしい。国家という枠組みの中に人を置き、ある国家に属する人を愛するとか憎むとかいうことが間違いなのである。

■愛と束縛

共同体を構成する最小単位は「私」と「あなた」である。愛する二人のどちらか、あるいは両方が二人で構成される共同体に他者が入り込むことを好まないことがある。その場合、二人の共同体は排他的になる。恋愛の場合、これは当然のことだと思う人が多いことは先にも見たが、「私」と「あなた」で構成される共同体もまた外に開かれた共同体であると考えたら、私とあなたも外に開かれたものでなければならない。

しかし、そうなると起きる問題がある。森有正が次のようにいっている。

「愛は自由を求めるが、自由は必然的にその危機を深める」（『城門のかたわらにて』）

愛が自由を求めるのは、束縛されていると感じない時に愛されていると感じるからである。どこで誰と何をしているかを監視されると、信頼されておらず、愛されていないと感じるようになるだろう。しかし、二人の共同体が外に開かれると、関心が他の人に向かい、愛の危機を深めると森は考えるのだが、むしろ自由であることで二人のつながりは強くなる。相手を縛り支配しなければ、相手をつなぎ止めることはできないと考える人にはそうは思えないかもしれないが。

■愛はギブ・アンド・テイクではない

以上見てきたことから考えると、愛はギブ・アンド・テイクというのは当然ではないことがわかるだろう。誰に対しても救い手になる人は、あなたを助けてあげたから私を助けて、というようなことはいわないだろう。

フロムは次のようにいっている。

「八歳半から十歳になるまでの大抵の子どもたちにとって、問題はもっぱら愛されること、ありのままの自分が愛されることである。この年までの子どもは愛されることに喜んで反応するが、まだ愛さない」（*The Art of Loving*）

親から愛されるばかりだった子どもが、やがて親を愛するようになる。愛を生み出すという新しい感覚が、自分自身の活動によって生まれるというのである。

「子どもは、初めて母親（あるいは父親）に何かを『与える』ことや、詩とか絵とか何かを作り出すことを思いつく。生まれて初めて、愛という観念は、愛されることから、愛することと、愛を生み出すことへと変わる」（前掲書）

このようなことは愛することの行為的側面である。もっと幼い、何も作り出さない子どもは親から愛されるばかりで、親を愛さないのだろうか。

八木誠一が人と他者との関係を「フロント」（面）という言葉を使って説明しているのは先にも見た（『ほんとうの生き方を求めて』）。

人は他者と「フロント」で接している。「私」は他者なしには生きられないので、その破線になっているフロントは他者によって塞がれなければならない。その「私」のフロントを塞ぐ他者もまた、別の他者にそのフロントを塞がれ生かされているのである。

子どもは一瞬でも親の援助がなければ、生きていくことはできない。子どもの一つのフロントは開かれていて（これが破線であるということの意味である）、それを親が塞いでいるのである。

家庭によって事情は違うが、母親がもっぱら子どもの世話をしているとすれば、母親の一つのフロントも開いている。その開いた破線である母親のフロントを子どもの父親、夫が支え塞ぐ。そして、父親（夫）の開いたフロントは赤ん坊によって塞がれる。子どもを見れば癒やされるのである。

巡り巡って愛が誰かから与えられることはあるが、この関係はギブ・アンド・テイクではない。また、子どもは親に愛を与えるが、それは行為によらなくてもいい。子どもは何もしなくても、生きていることが親にとってはありがたい。子どもは親に何もしていなくても親に愛を与えているのである。

やがて、行為としても親に愛を与え始める。フロムがあげている例でいえば、「何かを『与える』ことや、詩とか絵とか何かを作り出すこと」というようなことである。このようなことを子どもがし始めるのは、フロムがいうよりももっと早い時期であると私は思うが、親は子どもが何かをしてくれた時に、子どもから愛されていることを知るのではない。親は子どもが生きていることがありがたく、何か特別なことを子どもがしなくても、子どもから愛を与えられていると思う。

子どもが生きているだけで親から愛されていることを知れば、自分の価値が生きていることにあると知る。ところが、親が子どもはただ生きているだけでは駄目だと思っていると、子どもにも特別であることを求めるようになる。そうすると、子どもも親に愛されるためには、何か特別なことをしないといけないと思うようになる。

その上、親が満足するように生きることを子どもに期待するようになると、子どもは親の期待に応えようとするが、親の期待には到底応えられない。そのため、親からは愛されないと思うと、反抗するか絶望する。

そうならないためには、親は、子どもが生きているだけで親に愛を与えているので、特別なことをしようと思わなくていいことを折に触れて子どもに伝えなければならない。

これができるためには、親がまず自分自身が生きているだけで価値があると思えなければならない。世の中の多くの考えとは違うとしてもである。思い出してほしい。親は子どもから自分に愛が返ってくることを願っただろうか。子どもが親に与えられた愛を親に返そうと思ってもできるはずはない。そんなことを親は願っていない。

■愛とは私のままで与えること

フロムによれば人間は本来的に孤独であり、世界から切り離されてしまっている。この切り離しに耐えられない人間は孤独を脱し、他者と一体となることを求める。このつながりの回復の仕方が問題である。

フロムは、母親と胎児が共生的に結びついた状態に戻るような仕方でつながることを否定する。「共生的な結びつき」の受動的な形が「服従」、能動的な形が「支配」である。服従を選ぶ人は孤独を避けるために他者の決定に従い自由を放棄する。支配する人は、他者を自分の一部にし、自分を崇《あが》める他者を取り込もうとする。

この二つのつながりの形は正反対のあり方をしているように見えるが、どちらも求めているのは「相手との完全性なしの結びつき」（Fromm, *The Art of Loving*）である。どちらも他者とのつながりを求めてはいるが、自分の個性を失い、自分が自分ではなくなる。

もう一つの孤独を克服する方法――フロムが「正しい」とする方法――がある。これまで私は「自立」といってきたが、フロムは「新しい調和」に達することであるといっている。そのためには、理性と愛する能力を発達させ、自己中心性を克服し他者に関心を持たなければならない。

今、問題にしている愛についていえば、愛は通常信じられていることとは違って「一体化」でなく、自分と相手が切り離されていることが前提である。その上で、その断絶を克服する。これがどういう意味かを実感するのは容易ではない。「人間が近さと自立、他者との一体性と独自性、特殊性を同時に求めなければならないのは、人間存在のパラドクスである」（Fromm, *Man for Himself*）

二人は一つになっているのに、やはり二人のままであるというパラドクスがあるからである。フロムの、このパラドクスへの答えが「生産性」である。生産といっても、文字通りものの製造ではない。

愛する能力がない人は、相手を支配しようとする。支配するためには、相手が無力でなければならない。少なくとも、そう見なすことで、支配を正当化しようとする。

このような仕方で他者を支配しようとする人は、相手が自由になって自立し、自分の支配から脱しようとすれば全力で阻止しようとする。親が「あなたのためを思っている」というのは愛情ではなく、子どもが自立し自由に生きるのを許したくないのである。恋愛の場合も同じことが起きる。

支配される人、依存する人は無になる。つまり、個性を失う。それを望む人がいることは先にも見た。自分で決めたくないのである。このように、支配する人と支配される人は「共生」、共依存関係になる。

しかし、愛する能力がある人は、支配されることも支配することもない。支配されることも、支配することもない愛が、成熟した愛、生産的な愛である。「愛される」能力ではなく、「愛する」能力であることに注目したい。愛はそこに「落ちる」ような受動的な感情ではなく、能動的な力、活動である。「与える」ことであり、「与えられる」という受動的なものではない。

何を与えるのか。「与える」（give）は、何かを諦める（give up）ことではない。見返りがあれば喜んで与えるが、与えたのに見返りがなければ騙されたと思う。与えるだけでは貧しくなると思う。しかし、ただ与えるのである。愛はギブ・アンド・テイクではないのである。また、犠牲を払うことでもない。

ただ、与える人は他者の中に愛を「生産」するのである。幼い子どもは何もしていなくても、まわりの人に与える。子どもから与えられた愛は、他の人に伝わっていく。

私がこのフロムの愛について述べていることで注目したいのは、愛によって克服する、つながる前の断絶状態について、フロムが「人を仲間（fellow-men）から隔てる壁」（*The Art of Loving*）といっている点である。それぞれが個性、完全性を維持したまま つながるのであるが、壁があろうとなかろうと本来愛する前から他者は仲間だったのである。

この仲間はドイツ語ではMitmenschenでありアドラーも使っていることは先に見たが、愛によって孤独を克服する前から他者は仲間だった。その意味は「人と人（Menschen）が結びついている（mit）」ということだが、多くの人は他者を仲間ではなく、「敵」（Gegenmenschen）、つまり、人と人は敵対している（gegen）と思っている。愛がこの壁を壊す力、他者と結びつける力になるためには、他者が仲間であるという認識が必要なのである。

■共同体感覚を引き出す

アドラーの考える愛の根底には共同体感覚がある。アドラーは、この共同体感覚は「意識的に発達させなければならない先天的な可能性」であるといっている（『人はなぜ神経症になるのか』）。

アドラーが、共同体感覚は先天的ではあるけれども可能性であり、意識的に発達させなければならないといっていることには注意が必要である。共同体感覚は、息を吸うことや直立歩行のような自然に発達する資質とは違い、自然に身につくのではなく、意識的に発達させなければならない。

「教育する」はドイツ語ではerziehenというが、これには「引き出す」という意味もある。英語のeducateもラテン語educoが語源で、これも引き出すという意味である。

何を引き出すのかというと、共同体感覚である。これだけでは意味はわからないので順を追って説明すると、まず、共同体感覚は先に見たように「人と人とがつながっていること」であり、他者を「敵」ではなく「仲間」と見ることである。次に、引き出せるのはもともと持っているものだけであるということである。人は本来的に他者とつながっている、そう思える感覚が備わっていなければ引き出すこともできない。

共同体感覚は意識的に引き出さなければならない感覚であり、他者とつながっている、他者は敵ではなく仲間であると認めるのとそうでないのとでは、大きな違いがある。他者とつながっていると思えるにはそのことが意識されなければならない。「引き出す」というのはそういう意味である。

なぜ意識的に発達させなければならないのかといえば、共同体感覚が可能性に留まっており、意識的に発達させなければ、多くの人は自分にしか関心がないからである。

だからこそ、先にも見たように、「自分への執着」（Ichgebundenheit）が個人心理学（アドラーが創始した心理学の名称）の中心的な攻撃点だとアドラーはいっている（*Alfred Adlers*

Individualpsychologie）。「自分への執着」とは、「すべてを自分に結びつける（binden）こと」という意味である。

それでは、どうすれば他者への関心を引き出すことができるだろうか。まず、叱らないことである。叱られると他者を敵と思い、他者に関心を持たなくなる。他者に関心を持たない人は、他者と自分がつながっているとは思わない。

次に、ほめないことである。ほめられると、他者を気遣い援助したことを認めてもらわなければ、適切なことをしなくなる。そのような人は自分にしか関心がないのである。

叱りもほめもしない代わりに何をすればいいか。他者や自分の貢献に注目するのである。アドラーは、「自分に価値があると思える時にだけ、勇気を持てる」といっている（*Adler Speaks*）。どんな時に自分に価値があると思えるかといえば、自分が何らかの仕方で役に立てていると感じるという意味での貢献感がある時である。自分に価値があると思えれば、対人関係、人とのつながりの中に入っていくことができる。そのつながりは強いられたものでなく、自発的に形成されるものであり、これこそが真のつながりである。

第12章

本当につながりたい人とつながる

■他者とのつながりの中で生きる

他者とのつながりを離れて一人で生きることはできない。人とつながっているのが「人間」の本来的なあり方である。しかし、対人関係は悩みの源泉である。人と関われば何らかの仕方で摩擦が生じ、傷つけられることもある。

しかし、他方、生きる喜びも幸福も人とのつながりの中でしか経験できない。だからこそ、人とのつながりの中に入っていく必要がある。しかし、つながりに入る時にどんな対人関係を築くべきなのか、依存・支配関係ではなく、自立した関係を築き自分の人生を生きなければならないことを見てきた。

依存・支配関係を断つ覚悟が必要である。進んで誰かに従う人もいるが、知らぬ間に何らかのつながりの中に引き込まれている、あるいは引き込まれそうになっている人もいる。そのことに気づき、つながる必要がない人と必要以上につながってはいけない。つながりを断つ覚悟が必要である。

しかし、他方、つながるべき人とはつながりたい。本当に会いたい人とは会いたい。先にも書いたが、会えるけれども会わないというのと、会いたいのに会えないのとでは違う。コロナ禍で病院や施設にいる家族と会えないのはつらいことだった。実際に会えない日が長く続いたが、誰と本当に会いたいか、どのような人であれば必ずしも会わなくていいかを見極めることができた。コロナ禍が収束しても、対人関係のあり方を元に戻す必要はない。

本当に大切なこと

対人関係の見極めができるためには、幸福とは何かを理解していなければならない。生きていくためには仕事をしないわけにはいかないが、仕事上の対人関係が必要以上に深くある必要はない。職場で知り合った人と友人になることがある。中には結婚する人もいるが、仕事で知り合ったことがきっかけで親しくなったのであり、仕事自体の対人関係が深い必要はない。

このことを理解するためには、病気に倒れるなど人生が有限であることに気づく経験をすることが必要である。この経験によって、それまでワーカホリックだった人でも生き方を見直さなければならなくなる。もちろん、そのような経験が必要であるというのは言い過ぎなのだが、そのような経験をしても、健康を取り戻せば病気をしたことすら忘れる人は多い。

しかし、目の前に敷かれていると思っていた人生のレールが突如消えるような経験をすれば、この人生や仕事についての考え方を変える人はたしかにいる。

心筋梗塞《しんきんこうそく》で倒れ入院した時、看護師さんの一人が私にこんなことを語った。

「ただ助かったで終わる人もおられるのですけどね。でも、これからのことを考えゆっくり休んで、若いのですから、もう一度生き直すつもりで頑張りましょう」

私はその言葉を聞いて、退院してからの人生で何が重要かを考え、生き直す決心をした。それは端的にいえば、「生きること」である。

最近妻を亡くしたばかりだという男性がインタビューに答えているのをテレビ番組で見たことがある。その人は仕事などどうでもよかったと語っていた。仕事と妻との優先順位が変わったのである。

かつて、ある会社の役員研修で講演をしたことがあった。研修というのは講演者の話を聞きたいと思って参加しているわけではないので、その日私が講演した時も、大方の人はつまらなそうに聞いているように見えた。ところが、「人は働くために生きているのではなく、生きるために働いているのである」と話したところ、多くの人が、急に熱心になり、中には身を乗り出して聞き始めた人もいた。

人は働くために生きているのではないというと、働かなければ食べていけないではないかと反発する人は多い。たしかにその通りだが、過労で倒れたり、転勤で家族が離れ離れになったりすると、一体何のために働いているかわからなくなる。会社は社員に会社とつながることを求めるかもしれないが、自分の人生こそが大切であり、つながるべきなのは会社ではない。身を粉にして働くことが幸福とは感じられないのは、真につながるべき人とつながっていないからである。

■生きることに価値がある

三木清は、次のようにいっている。

「幸福が存在に関わるのに反して、成功は過程に関わっている」（『人生論ノート』）

何も成し遂げなくても、今生きていることがそのままで幸福で「ある」という意味である。人は生きるために働いているという時の「生きる」というのは、そのまま「幸福に生きる」を意味している。生きていることが幸福であるのであれば、働こうと働くまいとそもそも人は幸福で「ある」。

そうであれば、働いているのに幸福でないというのはおかしい。人生には幸福を犠牲にしてまで成し遂げなければならないということはないからである。

研修の時に私の講演を聞いていた役員たちは、皆若い時からずっと身を粉にして働いてきたのだろう。そのように働いてきたのは、他者との競争に勝って昇進して成功するためだったであろう。実際、競争に勝って成功したのである。会社に入る前も、名門大学に合格するということを目指して一生懸命勉強したのは、成功するためだった。

引用文の後半で、三木は「成功」は過程に関わるといっている。三木のこの言葉の使い方は特別であり、普通の意味とは違う。今生きていることが幸福であるのに対して、成功は何かを成し遂げなければならないという意味である。幸福が今という点であるとしたら、成功は直線、成功するためにはそれに至る過程を経ることが必要である。

問題は、成功するかはわからないし、何かを達成して成功したとしてもそれで終わりにはならないことである。また、次の目標がすぐに現れる。そうすると、成功することが幸福だと考えていた人は束の間の幸福を感じられるかもしれないが、また次の目標を目指して働かなければならなくなる。成功は蜃気楼《しんきろう》のようなものである。成功したと思っても、たちまち消え去ってしまう。

そして、瞬く間に定年を迎える。働いて成功を収め続けていた間は自分に価値があると思っていた人が、定年で仕事を辞めると、自分にはもはや価値がないと思うようになる。何かを成し遂げることに自分の価値を見出してきたからである。

ある八十歳代の銀行の頭取まで務めた男性が脳梗塞で入院した。その人は身体を動かせなくなり、もはや生きていくことに価値はないと絶望し、「殺せ」と叫び続け家族を困らせた。

もちろん、その人が生涯身を粉にして働き、頭取まで勤め上げた人生に価値がなかったわけではない。しかし、仕事を辞め身体が動かせなくなっても、価値がなくなるわけではなく、生きていることに価値がある。それは働いている時と同じである。仕事をしている時には自分に価値があると思えるだろうが、その時でも働いているから価値があるのではない。誰もが働けるわけではない。働いていても必ず成功するとは限らない。老齢や病気のために働けなくなることがある。若い人でも病気になり、働けなくなるかもしれない。

だが、そのようなこととは関係なく、何があろうと、生きているだけで自分には価値があり幸福であると感じることができれば、働いていてもいなくても、日々の生活の中で幸福を感じることができる。そして、定年や他の事情で仕事を辞め、その結果、多くの人とのつながりが絶えることになったとしても、そのことで、自分の価値がなくなり不幸になるわけではない。

■老後のつながりの強制

しかし、そのように思えず、老後、あるいは定年後も何かをしなければならない、人とつながり、そのためには趣味を持った方がいいと考える人は多い。そのような生き方を否定しようとは思わないが、人とのつながりはあった方がいいと勧められるようなことがあれば、これもつながりの強制である。

地域のコミュニティに入ってみても、もはや肩書がまったく意味を持たないことに馴染《なじ》めず浮いてしまう。仕事を辞めたからといって、必ず人とのつながりの中に入っていく必要はない。一度、つながりから解き放たれ、競争や評価から自由になって、ゆっくりどう生きていくかを考えるといい。

私の高校生の時の倫理社会の先生が、仕事を辞めたら、若い時に買いためた本を読むといっていたことをよく覚えている。残念ながら、先生は定年を迎える前に亡くなったので、このような老後を送ることはできなかったのだが。

仕事を辞める前にも二つのことができる。まず、仕事を辞める前でも、現実的には時間などの制約はあるだろうが、やってみたいことがあればためらわずに手がけることである。人とつながるためではない、純粋に好奇心から始めたことがあれば定年を迎えることが不安ではなくなる。

次に、人間の価値は生産性や経済的有用性にあるのではないと知ることである。病気になれば否が応でも考えないわけにはいかないが、病気にならなくても、常識とは違う考え方があることを知っているだけで人生は違ったものになるだろう。

■他者と共鳴して生きる

自立は他者と無関係に生きることではない。他者とのつながりの中に生きる。しかし、誰にも支配されず依存もしないで、自分の完全性を保ったままでどう人とつながるのか。この問いをフロムは立てているが、それに対してはっきりと答えていないように見える。

誰かを支配したり、依存したりすることなく、自分の完全性を保ったままで人と結びつくにはどうしたらいいか。「共鳴」（レゾナンス）という仕方であれば、他者に影響を与え、他者から影響を受ける。他者と共鳴することで、自分が変わることはある。

幼い子どもは生きているだけで大人に影響を与える。子どもの笑顔を見れば癒やされる人はいるが、子どもは大人を癒やそうとは考えていない。子どもが生まれると、子どもは自覚的にまわりの人に何か影響を与えようと思ってはいないだろうが、家族は大きな影響を受けないわけにはいかない。

本を読むと強い影響を受ける。しかし、作家は読者を知らないし、読者も作家を直接知っているわけではない。その上、作家が故人であることもある。それでも、本を読んで心を動かされるという時、作家は自分の完全性を保ったままで読者の心に共鳴を引き起こしているのである。子どもと大人、また作家と読者の関係だけでなく、このようなことはどんな対人関係においてもある。

チェーホフに「学生」という短編がある。焚《た》き火に当たりながら神学生のイワンが語る使徒ペテロの話を聞いたワシリーサが泣き出す。イエスが捕えられた時、ペテロは我が身にも危険が及ぶことを恐れ、イエスの一味とは思われたくなかったので「私はあの人を知らない」と三度否認した。ペテロが三度イエスを否認すると、鶏が鳴いた。その時、ペテロは、その日の朝イエスが「あなたは今日、鶏が鳴く前に、三度私を知らないというだろう」といっていたことを思い出し、激しく泣いた。

イワンは、ワシリーサが泣いたのは千九百年も前の出来事が現在とつながりを持っているということであり、次のように考えた。

「過去というものは、次から次へと起きる出来事の途切れることのない連鎖によって、しっかりと現在と結び合わされている――そう彼は考えるのだった。そして、自分はたった今その両端を目にしたような気がする。一方の端がふるえると、もう一方の端がぴくりとふるえたのだ」（「学生」『馬のような名字』）

イワンは、ワシリーサが涙を流したとすれば、ペテロの身に起きたことに何か思い当たるふしがあるのだ、ペテロの心の中に起きていたことを彼女が身と心でしっかりと受け止めたからだと考えた。それが具体的にどういうことなのかは、小説には何も書かれていないが、イワンからペテロの話を聞いた時、彼女はペテロの身に起きたことを我が身に起きたことのように感じた。彼女もペテロと同じように自分が愛する人を裏切ったことを思い出したのかもしれない。それでも、ペテロがイエスから赦《ゆる》されたように、自分の罪も赦されると思ったのかもしれない。ペテロの経験は時空を超えて、ワシリーサに「共鳴」したのである。

■他者に援助を求める

人は他者とのつながりの中に生きていることを見てきた。自分の存在は共鳴という仕方で他者に必ず影響を与え、何もしていなくても必ず他者に貢献できる。

他者に貢献することもあるが、その一方で、必要な時には他者に助けを求めなければならないことがある。誰もが最初から自立できるわけではない。生活面においては、親の不断の援助が必要だった子ども時代を経て、やがて多くのことを自分でできるようになる。

ちょうど、グライダーが空を飛ぶ時に、他の飛行機や車に牽引《けんいん》されて飛び、その後、空に舞い上がってからワイヤーを切り離して滑空するようなことである。いつか自立しなければならない。しかし、初めから自力で滑空できるわけではない。

初めから何もかもしてもらおうと思うのは依存なので、できるところまでは自分でしなければならない。他者に依存して生きることを当然だと思う人でなければ、援助を求める前に十分するべきことをしているはずである。それどころか、十分すぎるほど頑張る人もいるが、できないことについては他者から必要な援助は受けていいし、受けなければならない。

一度、ワイヤーを切り離して滑空してからも、他者の援助が必要になることはある。まったく誰からも援助されずに一人で生きることは難しい。これは子どもだけでなく、大人も同じである。自分ができないことをできないと認め、それを人にいえるのも自立である。自分の価値は生きていることにあるのだから、そのことで価値が減じることにはならない。

他者から援助されるからといって、すぐに他者に依存するようになるわけではない。誰かが立ち上がろうとする時にさっと手を差し伸べることはあるだろう。そのような行為は、その人の自立心を奪うことにはならないし、手を差し伸べられたからといってその人が依存的になって、二度と一人で立ち上がろうとしなくなるわけではない。

■他者を仲間と見る

他者に援助を求められるようになるためには、他者は「仲間」であり、必要な時にはその仲間に援助を求めようと思えなければならない。誰もその援助を拒んだりしないことは先に見た。

心筋梗塞で入院した翌年、私は冠動脈《かんどうみゃく》のバイパス手術を受けた。心臓を止め人工呼吸器につないでの大手術だった。その際、胸骨を切り開いたのだが、ワイヤーでつなぎ縫合した傷跡を保護するために胸にバンドをつけなければならなかった。

退院後、外出時に満員電車に乗らなければならないことがあった。苦しくて席を譲ってほしいと思ったことがあった。夏だったので本来は肌に直接つけるバンドを服の上につけていたが、胸のバンドに気づく人があっても、それがどういうものかは誰にもわかってもらえず、席を譲ってもらえなかった。

実のところ、「譲ってほしい」といえばどう思われるだろうかと思って言い出せなかったのである。よく考えるまでもなく、もしも反対の立場で席を譲ってほしいといわれたら、理由すらたずねないで席を譲るはずなのである。

私がカウンセリングをしてきた時の経験からいえば、男性が相談にくることはあまりなかった。お前の話などなぜ聞かないといけないのかと思う人もいただろうし、自分の弱みを見せたくないという人もいただろう。どれほどつらくても自力で何とかしなければならないと思い、我慢に我慢を重ね、ある日、朝起きたら身体が動かなくて出社できないというようなことになる。追い詰められ死をも考える人にとって、助けを求めようと思えるかは生死を決める。必要な時は他者に助けを求める勇気を持たなければならない。

■本当につながりたい人

仕事であれば結果を出さないといけないが、初めから、あるいはずっと望む結果を出せるとは限らない。心筋梗塞で入院していた時、近く出版することになっていた本の校正紙が届いた。私は編集者に入院していることを隠し、校正した。入院中なので当面、校正はできないといったら二度と仕事がこないと思ってしまったのである。しかし、入院していることを話したら、締め切りを延ばしてもらえただろう。もしもどんなことがあっても期日前に校正を仕上げるようにというような出版社であれば、こちらから仕事を断ってもいいくらいなのに、無理をして校正をした。

このようなことになるのは、他者を信頼していないからである。入院している時に勤務先の学校に電話した。電話を受けた教師からは思いがけず「どんな条件でも復帰してほしい。待っている」といわれ、ありがたかった。週に一度出講していたが、それが隔週になっても、また復帰が半年先になっても「待っている」といわれ、仕事では貢献できなくても、私の存在を認めてもらっていると思えたからである。

入院した頃、別の学校にも出講していた。入院していると連絡したところ、この学校からはすぐに解雇された。学校側としては、すぐに講義ができる教師を探さないといけなかったのだろう。先の学校にとっては、私は他の誰にも代えられない教師だったのに、後の学校は私には代わりがいるという判断をしたのである。どんな仕事も代わりの人がいないと考えるのは間違いだが、その学校とはただ仕事上のつながりしかなかったということである。復帰を待つといってくれた学校があったので、仕事の関係であっても、真のつながりを結べることを私は知った。私は復帰したが、強制されたのではない。私が進んでもう一度この学校で働く決心をしたのである。

今、当時のことを振り返ると、この時私が経験したことは、対人関係全般に当てはまる。入院中なのに校正できないといったら仕事を失うかもしれないと思ったのは、支配への屈服である。体調不良などで仕事ができない時でも休めない人も同じである。

今はどんなことがあっても出社するようにと命じるような会社はないだろうが、もしもそのような会社があるとすれば、これまで使ってきた言葉でいえば、つながりの強制である。

自立している人は病気になった時などに、何が自分にとって重要であるかがわかっているので、支配に屈することはない。仕事については、今は貢献できてもいつまで仕事ができるかはわからない。しかし、自分の存在で他者に貢献できることを知っているので、必要な時には他者の援助を求めることができ、仕事上だけのつながりには屈せず、必要があれば切ることができる。

真のつながりは、自己中心的な支配や依存関係ではなく、一人一人が自立し、しかもつながっていて、必要な人は援助し、必要な時は人に援助を求めることができる。そのような真のつながりを築けることを知れば、どんなに苦しい時でも生きていくことができる。

参考文献

Adler, Alfred. "Schwer erziehbare Kinder", In Adler, Alfred. *Psychotherapie und Erziehung Band I*, Fischer Taschenbuch Verlag, 1982.

Adler, Alfred. *Über den nervösen Charakter: Grundzüge einer vergleichenden Individualpsychologie und Psychotherapie*, Vandenhoechk & Ruprecht, 1977.

Ansbacher, Heinz L. and Ansbacher, Rowena R. eds., *Adlers Individualpsychologie*, Ernst Reinhardt Verlag, 1982.

Bottome, Phyllis. *Alfred Adler: A Portrait from Life*, Vanguard Press, 1957.

Burnet, J. ed. *Platonis Opera*, 5 vols., Oxford University Press, 1907.

Freud, Sigmund. *Das Unbehagen in der Kultur*, Fischer Taschenbuch Verlag, 1994.

Fromm, Erich. *The Art of Loving*, George & Unwin, 1957.

Fromm, Erich. *Man for Himself*, Open Road Media, 2013.

Fromm, Erich. *On Disobedience*, Harper Perennial Modern Classics, 2010.

Fromm, Erich. *The Heart of Man*, American Mental Health Foundation Inc. 2010.

Fromm, Erich. *The Sane Society*, Open Road Media, 2013.

Hude, C. ed. *Herodoti Historiae*, Oxford University Press, 1908.

Laings, R.D. *Self and Others*, Pantheon Books, 1961.
Pohlenz, M. ed.Cicero, *Tusculanae Disputationes*, De Gruyter, 1998.
Sontag, Susan. *At the Same Time*, Penguin Books, 2008.
Stone, Mark and Drescher, Karen eds., *Adler Speaks: The Lectures of Alfred Adler*, iUniverse, Inc., 2004.
The New Testament in the Original Greek, Introduction and Appendix the Text; Revised By Brooke Foss Westcott and Fenton John Anthony Hort, Forgotten Books, 2012.
김연수『청춘의 문장들＋』마음산책, 2014.
김연수『세계의 끝 여자친구』문학동네, 2009.
アドラー、アルフレッド『生きる意味を求めて』岸見一郎訳、アルテ、二〇〇七年
アドラー、アルフレッド『教育困難な子どもたち』岸見一郎訳、アルテ、二〇〇八年
アドラー、アルフレッド『人間知の心理学』岸見一郎訳、岸見一郎訳、アルテ、二〇〇八年
アドラー、アルフレッド『性格の心理学』岸見一郎訳、アルテ、二〇〇九年
アドラー、アルフレッド『個人心理学講義』岸見一郎訳、アルテ、二〇一二年
アドラー、アルフレッド『子どもの教育』岸見一郎訳、アルテ、二〇一四年
アドラー、アルフレッド『人はなぜ神経症になるのか』岸見一郎訳、アルテ、二〇一四年
アドラー、アルフレッド『人生の意味の心理学』岸見一郎訳、アルテ、二〇二一年
池澤夏樹『イラクの小さな橋を渡って』光文社、二〇〇三年
加藤周一『『羊の歌』余聞』筑摩書房、二〇一一年

岸見一郎『愛とためらいの哲学』ＰＨＰ研究所、二〇一八年
岸見一郎『嫌われる勇気』（共著）ダイヤモンド社、二〇一三年
岸見一郎『シリーズ世界の思想　プラトン　ソクラテスの弁明』ＫＡＤＯＫＡＷＡ、二〇一八年
岸見一郎『怒る勇気』河出書房新社、二〇二一年
岸見一郎『エーリッヒ・フロム』講談社、二〇二二年
岸見一郎『医師と患者は対等である』日経ＢＰ、二〇二三年
クライトン、マイクル『トラヴェルズ（上）』田中昌太郎訳、早川書房、二〇〇〇年
グロスマン、デーヴ『戦争における「人殺し」の心理学』安原和見訳、筑摩書房、二〇〇四年
左近司祥子『本当に生きるための哲学』岩波書店、二〇〇四年
ソン・ウォンピョン『三十の反撃』矢島暁子訳、祥伝社、二〇二一年
田邊元『歴史的現実』岩波書店、一九四〇年
チェーホフ「学生」『馬のような名字』浦雅春訳、河出書房新社、二〇一五年
ドストエフスキー『カラマーゾフの兄弟』原卓也訳、新潮社、一九七八年
ブーバー、マルティン『我と汝・対話』田口義弘訳、みすず書房、一九七八年
ペ・ミョンフン「誰が答えるのか？」（キム・エラン他著『目の眩んだ者たちの国家』矢島暁子訳、新泉社、二〇一八年所収）
三木清『人生論ノート』新潮社、一九五四年
三木清「正義感について」（『三木清全集』岩波書店、一九六七年、第十五巻所収）

三木清「時局と学生」（『三木清全集』岩波書店、一九六七年、第十五巻所収）
三木清「語られざる哲学」（『三木清全集』岩波書店、一九六八年、第十八巻、三木清『人生論ノート』KADOKAWA、二〇一七年所収）
森有正『バビロンの流れのほとりにて』（『森有正全集1』筑摩書房、一九七八年所収）
森有正『流れのほとりにて』（『森有正全集1』筑摩書房、一九七八年所収）
森有正『城門のかたわらにて』（『森有正全集2』筑摩書房、一九七八年所収）
八木誠一『ほんとうの生き方を求めて』講談社、一九八五年
八木誠一『イエスと現代』平凡社、二〇〇五年
八木誠一『イエスの宗教』岩波書店、二〇〇九年
渡辺一夫『狂気について』岩波書店、一九九三年
和辻哲郎『倫理学（二）』岩波書店、二〇〇七年

PHP新書

PHP INTERFACE
https://www.php.co.jp/

岸見一郎［きしみ・いちろう］

1956年生まれ。哲学者。京都大学大学院文学研究科博士課程満期退学(西洋哲学史専攻)。奈良女子大学文学部非常勤講師などを歴任。専門のギリシア哲学研究と並行してアドラー心理学を研究。ベストセラー『嫌われる勇気』(古賀史健との共著、ダイヤモンド社)のほか、『アドラー心理学入門』(ベスト新書)、『愛とためらいの哲学』(PHP新書)、『老いる勇気』(PHP文庫)、『数えないで生きる』(扶桑社新書)などがある。

つながらない覚悟

PHP新書 1381

二〇二三年十二月二十八日 第一版第一刷

著者――岸見一郎
発行者――永田貴之
発行所――株式会社PHP研究所
東京本部――〒135-8137 江東区豊洲5-6-52
ビジネス・教養出版部 ☎03-3520-9615(編集)
普及部 ☎03-3520-9630(販売)
京都本部――〒601-8411 京都市南区西九条北ノ内町11
制作協力 組版――株式会社PHPエディターズ・グループ
装幀者――芦澤泰偉＋明石すみれ
印刷所 製本所――図書印刷株式会社

ISBN978-4-569-85621-6

ＰＨＰ新書刊行にあたって

「繁栄を通じて平和と幸福を」（PEACE and HAPPINESS through PROSPERITY）の願いのもと、ＰＨＰ研究所が創設されて今年で五十周年を迎えます。その歩みは、日本人が先の戦争を乗り越え、並々ならぬ努力を続けて、今日の繁栄を築き上げてきた軌跡に重なります。

しかし、平和で豊かな生活を手にした現在、多くの日本人は、自分が何のために生きているのか、どのように生きていきたいのかを、見失いつつあるように思われます。そして、その間にも、日本国内や世界のみならず地球規模での大きな変化が日々生起し、解決すべき問題となって私たちのもとに押し寄せてきます。

このような時代に人生の確かな価値を見出し、生きる喜びに満ちあふれた社会を実現するために、いま何が求められているのでしょうか。それは、先達が培ってきた知恵を紡ぎ直すこと、その上で自分たち一人一人がおかれた現実と進むべき未来について丹念に考えていくこと以外にはありません。

その営みは、単なる知識に終わらない深い思索へ、そしてよく生きるための哲学への旅でもあります。弊所が創設五十周年を迎えましたのを機に、ＰＨＰ新書を創刊し、この新たな旅を読者と共に歩んでいきたいと思っています。多くの読者の共感と支援を心よりお願いいたします。

一九九六年十月

ＰＨＰ研究所

PHP新書

［心理・精神医学］

103 生きていくことの意味　諸富祥彦
304 パーソナリティ障害　岡田尊司
364 子どもの「心の病」を知る　岡田尊司
381 言いたいことが言えない人　加藤諦三
453 だれにでも「いい顔」をしてしまう人　加藤諦三
862 働く人のための精神医学　岡田尊司
895 他人を攻撃せずにはいられない人　片田珠美
910 がんばっているのに愛されない人　加藤諦三
952 プライドが高くて迷惑な人　片田珠美
953 なぜ皮膚はかゆくなるのか　菊池 新
956 最新版「うつ」を治す　大野 裕
977 悩まずにはいられない人　加藤諦三
1063 すぐ感情的になる人　片田珠美
1091 「損」を恐れるから失敗する　和田秀樹
1094 子どものための発達トレーニング　岡田尊司
1131 愛とためらいの哲学　岸見一郎
1195 子どもを攻撃せずにはいられない親　片田珠美
1205 どんなことからも立ち直れる人　加藤諦三
1214 改訂版 社会的ひきこもり　斎藤 環
1224 メンヘラの精神構造　加藤諦三
1275 平気で他人をいじめる大人たち　見波利幸
1278 心の免疫力　加藤諦三
1293 不安をしずめる心理学　加藤諦三
1317 パワハラ依存症　加藤諦三
1333 絶望から抜け出す心理学　加藤諦三

［思想・哲学］

1117 和辻哲郎と昭和の悲劇　小堀桂一郎
1159 靖國の精神史　小堀桂一郎
1215 世界史の針が巻き戻るとき　マルクス・ガブリエル［著］／大野和基［訳］
1251 つながり過ぎた世界の先に　マルクス・ガブリエル［著］／大野和基［インタビュー・編］／髙田亜樹［訳］
1294 アメリカ現代思想の教室　岡本裕一朗
1302 わかりあえない他者と生きる　マルクス・ガブリエル［著］／大野和基［インタビュー・編］／月谷真紀［訳］

［人生・エッセイ］

377 上品な人、下品な人　山﨑武也
742 みっともない老い方　川北義則
827 直感力　羽生善治
938 東大卒プロゲーマー　ときど
1067 実践・快老生活　渡部昇一
1112 95歳まで生きるのは幸せですか？　池上 彰／瀬戸内寂聴
1132 半分生きて、半分死んでいる　養老孟司
1134 逃げる力　百田尚樹
1147 会社人生、五十路の壁　江上 剛
1148 なにもできない夫が、妻を亡くしたら　野村克也
1158 プロ弁護士の「勝つ技法」　矢部正秋
1179 なぜ論語は「善」なのに、儒教は「悪」なのか　石 平
1211 保険ぎらい　荻原博子
1301 病院に行かない生き方　池田清彦
1310 老いの品格　和田秀樹
1313 孤独を生きる　齋藤 孝
1320 おっさん社会が生きづらい　小島慶子
1352 折れない心　人間関係に悩まない生き方　橋下 徹
1361 ニーチェ　自分を愛するための言葉　齋藤 孝
1365 高校生が感動した数学の物語　山本俊郎

［文学・芸術］

497 すべては音楽から生まれる　茂木健一郎
905 美　福原義春
916 乙女の絵画案内　和田彩花
951 棒を振る人生　佐渡 裕
1009 アートは資本主義の行方を予言する　山本豊津
1021 至高の音楽　百田尚樹
1103 倍賞千恵子の現場　倍賞千恵子
1126 大量生産品のデザイン論　佐藤 卓
1145 美貌のひと　中野京子
1165 《受胎告知》絵画でみるマリア信仰　高階秀爾
1191 名画という迷宮　木村泰司
1221 太宰を読んだ人が迷い込む場所　齋藤 孝
1253 若冲のひみつ　山口 桂
1270 美貌のひと2　中野京子
1284 天才論　立川談志の凄み　立川談慶
1288 ウルトラマンの伝言　倉山 満
1305 てんまる　山口謠司
1324 落語の凄さ　橘 蓮二
1330 忘れる読書　落合陽一

［**社会・教育**］

418 女性の品格 坂東眞理子
495 親の品格 坂東眞理子
504 生活保護vsワーキングプア 大山典宏
522 プロ法律家のクレーマー対応術 横山雅文
586 理系バカと文系バカ 竹内 薫［著］／嵯峨野功一［構成］
618 世界一幸福な国デンマークの暮らし方 千葉忠夫
621 コミュニケーション力を引き出す 平田オリザ／蓮行
629 テレビは見てはいけない 苫米地英人
854 女子校力 杉浦由美子
869 若者の取扱説明書 齋藤 孝
888 日本人はいつ日本が好きになったのか 竹田恒泰
987 量子コンピューターが本当にすごい 竹内 薫／丸山篤史［構成］
994 文系の壁 養老孟司
1022 社会を変えたい人のためのソーシャルビジネス入門 駒崎弘樹
1025 人類と地球の大問題 丹羽宇一郎
1032 なぜ疑似科学が社会を動かすのか 石川幹人
1040 世界のエリートなら誰でも知っているお洒落の本質 干場義雅
1059 広島大学は世界トップ100に入れるのか 山下柚実
1073 「やさしさ」過剰社会 榎本博明
1079 超ソロ社会 荒川和久
1087 羽田空港のひみつ 秋本俊二
1093 震災が起きた後で死なないために 野口 健
1106 御社の働き方改革、ここが間違ってます！ 白河桃子
1125 『週刊文春』と『週刊新潮』闘うメディアの全内幕 花田紀凱／門田隆将
1128 男性という孤独な存在 橘木俊詔
1140 「情の力」で勝つ日本 日下公人
1144 未来を読む ジャレド・ダイアモンドほか［著］／大野和基［インタビュー・編］
1146 「都市の正義」が地方を壊す 山下祐介
1149 世界の路地裏を歩いて見つけた「憧れのニッポン」 早坂 隆
1150 いじめを生む教室 荻上チキ
1151 オウム真理教事件とは何だったのか？ 一橋文哉
1154 孤独の達人 諸富祥彦
1161 貧困を救えない国 日本 阿部彩／鈴木大介
1164 ユーチューバーが消滅する未来 岡田斗司夫
1183 本当に頭のいい子を育てる 世界標準の勉強法 茂木健一郎
1190 なぜ共働きも専業もしんどいのか 中野円佳
1201 未完の資本主義 ポール・クルーグマンほか［著］／大野和基［インタビュー・編］

1202 トイレは世界を救う　ジャック・シム［著］／近藤奈香［訳］
1219 本屋を守れ　藤原正彦
1223 教師崩壊　妹尾昌俊
1229 大分断　エマニュエル・トッド［著］／大野 舞［訳］
1231 未来を見る力　河合雅司
1233 男性の育休　小室淑恵／天野 妙
1234 AIの壁　養老孟司
1239 社会保障と財政の危機　鈴木 亘
1242 食料危機　井出留美
1247 日本の盲点　開沼 博
1249 働かないおじさんが御社をダメにする　白河桃子
1252 データ立国論　宮田裕章
1262 教師と学校の失敗学　妹尾昌俊
1263 同調圧力の正体　太田 肇
1264 子どもの発達格差　森口佑介
1271 自由の奪還　アンデシュ・ハンセンほか［著］／大野和基［インタビュー・編］
1277 転形期の世界　Voice編集部［編］
1280 東アジアが変える未来　Voice編集部［編］
1281 5000日後の世界　ケヴィン・ケリー［著］／大野和基［インタビュー・編］／服部桂［訳］
1286 人類が進化する未来　ジェニファー・ダウドナほか［著］／大野和基［インタビュー・編］
1290 近代の終わり　ブライアン・レヴィンほか［著］／大野和基［インタビュー・編］
1291 日本のふしぎな夫婦同姓　中井治郎
1298 子どもが心配　養老孟司
1303 ウイルス学者の責任　宮沢孝幸
1307 過剰可視化社会　與那覇潤
1315 男が心配　奥田祥子
1321 奇跡の社会科学　中野剛志
1326 ネイチャー資本主義　夫馬賢治
1328 「立方体が描けない子」の学力を伸ばす　宮口幸治
1331 何もしないほうが得な日本　太田 肇
1334 指導者《リーダー》の不条理　菊澤研宗
1336 虐待したことを否定する親たち　宮口智恵
1343 ディープフェイクの衝撃　笹原和俊
1356 先生がいなくなる　内田良／小室淑恵／田川拓麿／西村祐二
1362 老い方、死に方　養老孟司
1367 左利きの言い分　大路直哉
1374 「今どきの若者」のリアル　山田昌弘［編著］